中国供给侧结构性改革实现路径研究

公丕国 著

北京理工大学出版社
BEIJING INSTITUTE OF TECHNOLOGY PRESS

版权专有　侵权必究

图书在版编目（CIP）数据

中国供给侧结构性改革实现路径研究/公丕国著.
--北京：北京理工大学出版社，2021.3
　ISBN 978-7-5682-9602-1

　Ⅰ.①中… Ⅱ.①公… Ⅲ.①中国经济-经济改革-研究　Ⅳ.①F12

中国版本图书馆 CIP 数据核字（2021）第 042853 号

出版发行 / 北京理工大学出版社有限责任公司
社　　址 / 北京市海淀区中关村南大街 5 号
邮　　编 / 100081
电　　话 /（010）68914775（总编室）
　　　　　（010）82562903（教材售后服务热线）
　　　　　（010）68944723（其他图书服务热线）
网　　址 / http：//www.bitpress.com.cn
经　　销 / 全国各地新华书店
印　　刷 / 三河市华骏印务包装有限公司
开　　本 / 787 毫米×1092 毫米　1/16
印　　张 / 12.25　　　　　　　　　　　　　　　　责任编辑 / 徐艳君
字　　数 / 171 千字　　　　　　　　　　　　　　　文案编辑 / 徐艳君
版　　次 / 2021 年 3 月第 1 版　2021 年 3 月第 1 次印刷　　责任校对 / 周瑞红
定　　价 / 69.00 元　　　　　　　　　　　　　　　　责任印制 / 李志强

图书出现印装质量问题，请拨打售后服务热线，本社负责调换

前　言

自 2015 年 12 月中央经济工作会议召开以来，供给侧结构性改革一直是中国经济社会各领域热议的话题。时至今日，不仅有对供给经济学的回顾综述，也有对相关理论的探讨研究，更有各领域供给侧结构性改革的具体实践。既有共识，也有争论；既有成果，也有迷茫。如何进一步推进理论研究和实践探索，仍是当前需要继续面对的重要课题。同时，中国特色社会主义进入新时代，中国经济也进入高质量发展时代，发展方式转变、经济结构优化、增长动力转换面临重大挑战，迫切需要继续高质量深化供给侧结构性改革。

本书所研究内容坚持问题导向，以理论构建和现状分析为基础，探索中国供给侧结构性改革中存在的问题及其成因，在此基础上提出推进和深化中国供给侧结构性改革的路径及政策建议。主要内容包括：

第一，综述了国内外对供给管理和需求管理理论研究的文献。以时间为顺序，国外文献综述了自重商主义时代到马克思对供给和需求的理论研究，国内文献综述了中国不同时期对供给管理和需求管理实践的研究，提出中国供给侧结构性改革的理论基础不是西方供给学派的经济学，而是中国特色社会主义政治经济学。

第二，对供给侧结构性改革的相关理论进行了研究和构建。从需求管理和供给管理的特征入手，分析了中国供给侧结构性改革的必要性，界定了其内涵，探讨建立了供给侧结构性改革与经济高质量发展的关系。该部分内容研究并回答了中国供给侧结构性改革"为什么"和"是什么"的问题。

第三，以时间为顺序，梳理了中华人民共和国成立以来国家各阶段经济宏观调控的具体实践，分析了当前以供给侧结构性改革为主线的经济管理现状，在此基础上提出了中国供给侧结构性改革的短期路径和长期路径。该部分内容研究并回答了中国供给侧结构性改革"怎么样"和"做什么"的问题。

第四，本书重点研究了中国供给侧结构性改革的短期实践，分5章围绕"三去一降一补"五大任务，每一章一个任务，首先分析现状，其次分析存在的问题及成因，最后分别提出"三去一降一补"五大任务的实现路径。

第五，基于中国经济转向高质量发展的重大判断，就如何推进中国供给侧结构性改革提出政策建议，进一步为中国供给侧结构性改革的实现路径提供了参考。

本书研究的创新点主要有四个：第一，摆脱了当前多数对中国供给侧结构性改革研究拘泥于供给学派相关理论的局限性，系统梳理了供给管理和需求管理相关理论，把间接理论基础归结到马克思主义的政治经济学上，使研究更加深入；第二，系统梳理了中国宏观调控的具体实践，把中国供给侧结构性改革的直接理论基础归结到中国特色社会主义政治经济学上，旗帜鲜明地树立了推进改革的正确理论和政治方向；第三，根据供给管理理论的特征，提出了中国供给侧结构性改革的短期路径和长期路径，分阶段地研究和明确了改革的不同任务和路径选择，使研究更加系统全面；第四，面向经济高质量发展的要求，就新时代如何推进中国供给侧结构性改革提出了政策建议。

本书重在探究中国供给侧结构性改革的短期路径，对于高质量发展引导下的中国供给侧结构性改革的长期路径的理论与实践将是进一步深入研究的重点。

目 录

第1章 绪论 ·· 1

1.1 问题的提出 ··· 1

1.2 研究的意义 ··· 3

1.2.1 理论意义 ·· 3

1.2.2 现实意义 ·· 5

1.3 研究的方法 ··· 5

1.4 基本结构与主要内容 ··· 7

1.5 主要创新点及不足 ·· 8

第2章 国内外文献综述 ··· 10

2.1 国外文献综述 ·· 10

2.1.1 重商主义时代供给需求研究 ·· 11

2.1.2 古典经济学时代供给需求研究 ··· 11

2.1.3 新古典经济学时代供给需求研究 ·· 14

2.1.4 以凯恩斯主义为核心的需求管理研究 ···································· 14

2.1.5 以萨伊定律为核心的供给管理研究 ······································· 17

2.1.6 马克思主义政治经济学的供给需求研究 ································· 20

2.2 国内文献综述 ………………………………………………………… 22
　2.2.1 计划经济时代的供给需求研究 ……………………………… 22
　2.2.2 由计划经济向市场经济转型时代的供给需求研究 ………… 23
　2.2.3 2008年世界金融危机时期的供给需求研究 ………………… 24
　2.2.4 中国特色社会主义政治经济学的供给需求研究 …………… 25
　2.2.5 中国供给侧结构性改革的相关研究 ………………………… 27

第3章 中国供给侧结构性改革的相关理论 ……………………………… 30

3.1 需求管理和供给管理的主要特征 …………………………………… 30
　3.1.1 需求管理的主要特征 ………………………………………… 30
　3.1.2 供给管理的主要特征 ………………………………………… 31
　3.1.3 需求管理和供给管理推动经济发展的动力机制 …………… 32

3.2 中国供给侧结构性改革的必要性 …………………………………… 34
　3.2.1 经济高质量增长需要优化供给体系 ………………………… 34
　3.2.2 经济持续发展需要转换发展动力 …………………………… 35
　3.2.3 经济高效率发展需要优化资源配置 ………………………… 35

3.3 中国供给侧结构性改革的内涵 ……………………………………… 36
　3.3.1 中国供给侧结构性改革的实质 ……………………………… 36
　3.3.2 中国供给侧结构性改革的最终目的是满足需求 …………… 38
　3.3.3 中国供给侧结构性改革的主攻方向是提高供给质量 ……… 38
　3.3.4 中国供给侧结构性改革的根本途径是深化改革 …………… 39

3.4 中国供给侧结构性改革与经济高质量发展关系 …………………… 40

第4章 中国供给侧结构性改革的演进与现状分析 ……………………… 42

4.1 中国经济宏观调控的历史演进 ……………………………………… 42
　4.1.1 计划经济时期的宏观调控 …………………………………… 43

4.1.2　计划经济向市场经济过渡时期的宏观调控 ·············· 44
　　4.1.3　社会主义市场经济体制下的宏观调控 ·················· 44
　　4.1.4　后危机时代的宏观调控 ································ 45
　　4.1.5　新时代的宏观调控 ···································· 46
　4.2　中国供给侧结构性改革的现状分析 ·························· 47
　　4.2.1　总体实施情况 ·· 47
　　4.2.2　具体任务的实施情况 ·································· 52

第5章　中国供给侧结构性改革的路径选择 ························ 55

　5.1　供求均衡制约下的中国供给侧结构性改革 ···················· 55
　　5.1.1　需求侧"三驾马车"拉动经济增长动力不足 ·············· 55
　　5.1.2　需求侧管理引发结构性问题 ···························· 57
　　5.1.3　需求侧管理与供给侧管理作用失衡 ······················ 59
　　5.1.4　着力在供给侧发力促进经济增长 ························ 61
　5.2　中国供给侧结构性改革的短期路径选择（2016—2020年）······ 66
　5.3　中国供给侧结构性改革的长期路径选择（2021—2035年）······ 68
　　5.3.1　实现经济高质量发展是中国供给侧结构性改革的
　　　　　长期目标 ·· 68
　　5.3.2　推动供给侧要素改革是中国供给侧结构性改革的长期
　　　　　必由之路 ·· 70

第6章　去产能路径分析 ······································· 73

　6.1　钢铁行业供给需求分析 ···································· 73
　　6.1.1　需求分析 ·· 73
　　6.1.2　供给分析 ·· 76
　　6.1.3　供求均衡分析 ·· 81

6.2 煤炭行业供给需求分析 ·· 83
6.2.1 需求分析 ·· 83
6.2.2 供给分析 ·· 84
6.2.3 供求均衡分析 ·· 88
6.3 主要行业总体产能过剩情况分析 ···································· 90
6.4 产能过剩的主要原因 ·· 91
6.5 去产能的实现路径 ·· 93
6.5.1 发挥市场、金融手段作用稳妥处置僵尸企业 ··············· 93
6.5.2 加快技术创新和产业转型升级 ·································· 94
6.5.3 综合发挥政府、市场作用，稳妥推进去产能 ··············· 95

第7章 去库存路径分析 ·· 97

7.1 房地产市场供给需求分析 ··· 97
7.1.1 需求分析 ·· 97
7.1.2 供给分析 ·· 99
7.1.3 供求均衡分析 ·· 101
7.2 房地产市场去库存的实证分析 ····································· 102
7.2.1 模型构建 ··· 102
7.2.2 实证分析 ··· 103
7.3 存在的主要问题 ·· 107
7.3.1 房地产库存现状 ·· 107
7.3.2 房地产去库存 ·· 108
7.4 房地产去库存的实现路径 ·· 112
7.4.1 发挥政府作用积极去库存 ······································ 112
7.4.2 完善市场体制机制合理调库存 ································ 113
7.4.3 借鉴国际经验稳妥控库存 ······································ 114

第8章 去杠杆路径分析 ·· 116

8.1 中国宏观经济杠杆现状分析 ·· 116
8.1.1 宏观经济总杠杆 ·· 116
8.1.2 企业部门杠杆 ·· 118
8.1.3 政府部门杠杆 ·· 120
8.1.4 居民部门杠杆 ·· 120
8.1.5 金融部门杠杆 ·· 122

8.2 高杠杆风险的形成原因 ·· 123
8.2.1 企业部门 ·· 123
8.2.2 政府部门 ·· 125
8.2.3 居民部门 ·· 126
8.2.4 金融部门 ·· 126

8.3 去杠杆的实现路径 ··· 129
8.3.1 企业部门 ·· 129
8.3.2 政府部门 ·· 129
8.3.3 居民部门 ·· 130
8.3.4 金融部门 ·· 131

第9章 降成本路径分析 ·· 135

9.1 中国宏观税负水平分析 ·· 135
9.1.1 宏观税负的测算与比较分析 ·· 136
9.1.2 宏观税负与企业负担分析 ··· 138

9.2 企业成本现状分析 ··· 139
9.2.1 企业成本负担总体情况 ··· 139
9.2.2 制度性交易成本 ··· 140

    9.2.3 融资成本 ································· 141

    9.2.4 生产成本 ································· 143

  9.3 降成本的实现路径 ···························· 143

    9.3.1 减轻企业税费负担 ······················ 143

    9.3.2 降低企业融资成本 ······················ 144

    9.3.3 降低企业生产成本 ······················ 145

第10章 补短板路径分析 ························· 147

  10.1 主要领域短板的现状 ························ 148

    10.1.1 民生领域 ································ 148

    10.1.2 城乡基础设施领域 ····················· 149

    10.1.3 "三农"领域 ···························· 151

  10.2 短板领域存在问题的成因分析 ············ 153

    10.2.1 民生领域短板成因 ····················· 153

    10.2.2 基础设施领域短板成因 ··············· 154

    10.2.3 "三农"领域短板成因 ················ 155

  10.3 补短板的实现路径 ·························· 156

    10.3.1 民生领域补短板 ························ 156

    10.3.2 基础设施领域补短板 ·················· 157

    10.3.3 "三农"领域补短板 ·················· 158

第11章 推动中国供给侧结构性改革的政策建议 ········· 159

  11.1 坚持加强党对中国供给侧结构性改革的领导 ········· 159

    11.1.1 打牢理论根基 ··························· 160

    11.1.2 确保正确方向 ··························· 160

    11.1.3 坚持深化改革 ··························· 160

11.2 提高全要素生产率,构建高质量供给产业体系 …………………… 161
 11.2.1 实施人口战略和人力资本战略,提升劳动力供给水平 …… 161
 11.2.2 推进土地制度改革,提升土地供给水平 ………………… 162
 11.2.3 健全金融体系,提升资本供给水平 ……………………… 162
 11.2.4 实施创新驱动战略,提升高端供给水平 ………………… 163
11.3 发挥好市场在资源配置中的决定性作用和政府的作用 …………… 163
 11.3.1 发挥市场在资源配置中的决定作用 ……………………… 164
 11.3.2 更好地发挥政府的作用 …………………………………… 164
11.4 建立和完善供给侧结构性改革的评价体系 ………………………… 165
 11.4.1 建立第三方评价机制 ……………………………………… 165
 11.4.2 完善各类指标与体系 ……………………………………… 166

参考文献 …………………………………………………………………… 168

后　记 ……………………………………………………………………… 181

第1章 绪 论

1.1 问题的提出

"供给侧改革"的提出始于2015年11月的中央财经领导小组第十一次会议,同年同月中央四次提及供给侧改革。2015年12月,中央经济工作会议正式提出供给侧结构性改革,中国供给侧结构性改革正式拉开帷幕。在此之后,2016年和2017年中央经济工作会议及政府工作报告、国家"十三五"规划、十九大报告等重要文件多次提及供给侧结构性改革,供给侧结构性改革逐渐成为中国经济工作的主线,也成为经济社会各界热议和研究的话题。

长期以来，中国经济宏观调控主要采取需求管理的工具和手段，依靠投资、消费和出口"三驾马车"的拉动，依托良好的国际和国内环境，中国经济保持了三十多年两位数左右的高速增长。但是，自 2008 年世界金融危机以来，全球环境发生了重大变化。从外部环境看，世界经济总体增长乏力，复苏疲弱，国际大宗商品价格跌幅明显，经济低迷导致产能过剩。在世界经济"疲态"的背景下，中国贸易出口受到严重影响，2011—2014 年净出口需求对经济增长的平均贡献率为负值，中国已经建立起来的出口导向型经济受到严重挑战。从国内环境看，"4 万亿"投资尽管托住了经济增速下滑趋势，但也造成了房地产库存增加、建材钢铁行业产能过剩等一系列待消化问题；消费对经济增长贡献率明显加大，但消费结构发生了明显的变化，社会主要矛盾也发生了根本性的转变，市场上大量低端产品出现产能过剩，而部分高端产品供给严重不足，产生了"海淘"马桶盖、电饭锅等现象，发生了"中兴芯片"等事件。可见，当前中国经济总体上存在一些问题，其中更加突出的是结构性矛盾问题，以需求管理为主的国民经济管理方式已经不能很好地适应当前经济社会发展的需要。

同时，当前全球经济发展面临重要的资源环境约束，新时代中国经济面临高质量发展的要求，发展经济必须破除阻碍经济高质量发展的体制机制障碍，比如打破以 GDP 为导向的考核机制等问题的解决迫切需要一场深层次的、以体制机制为核心的改革。因此，推进供给侧结构性改革成为经济发展新常态背景下的重大创新，成为适应国际金融危机发生后综合国力竞争新形势的主动选择，成为适应中国经济发展新常态的必然要求。

基于以上原因，中国提出了供给侧结构性改革。实施两年多，在具体工作实践上取得了一定成效，截止到 2018 年，"三去一降一补"五大任务的量化指标大部分已经完成。但经济社会发展中的问题并没有得到很好的解决，阻碍经济高质量发展的体制机制障碍并未完全消除，经济增长的内生动力并未完全激发出来，经济结构的调整依然任重道远，民生等领域的短板还有不少，金融风险无时不在，实施供给侧结构性改革任务仍然很艰巨。特别是十九大后，中国特色社会主义进入新时代，中国经济迫切需要向高质量发展转变，继续深入推进供给侧结构性改革成为中国当前和长期发展经济迫切需要坚持的战略选择。同时，国内的专家学者对供给侧结构性改革进行了理论和实证方面的研究。关于理论研究，大多数研究从西方供给学派思想出发，寻找其理论依据，此类研究不足以支撑起中国特色社会主义大背景下供给侧结构性改革的内涵和实质；关于实证研究，目前开展的研究较少，相关指标和模型的建立还比较少，难度较大。另外，目前就中国供给侧结构性改革某一方面的研究较多，系统性的研究较少。

为科学、深入推进中国供给侧结构性改革，本书以问题为导向，开展以下三方面的研究：第一，通过综述研究、理论构建，探索中国供给侧结构性改革的理论基础和依据；第二，研究制定推进中国供给侧结构性改革的总体路径和具体任务路径；第三，建立中国供给侧结构性改革与高质量发展的关系，并就进一步推进中国供给侧结构性改革、促进中国经济高质量发展提出政策建议。

1.2　研究的意义

1.2.1　理论意义

第一，有助于推动中国供给侧结构性改革的基础理论研究。从字面上看，与供给侧结构性改革最为相关的是供给经济学相关理论，从这一研究路线出发，先后出现了萨伊定律、新供给经济学、里根经济学和撒切尔主义、新自由主义结构性改革、新制度经济学等理论。由于这些理论产生的社会背景不同，解决的问题也各不相同。尽管这些国外的理论与实践对中国供给侧结构性改革具有一定的借鉴意义，但都不能作为其充分的理论基础。按照萨伊定律的逻辑，中国产能过剩的问题和2008年世界金融危机根本不可能出现；新供给经济学着力解决的滞胀问题在中国并不存在，即使减税和削减福利政策也无法解决中国当前的结构性问题；里根经济学、撒切尔主义、新自由主义主张脱胎于完全私有化和完全市场化，这与中国以人民为中心的发展理念是背离的；新制度经济学的逻辑是简单私有化，无法支撑具有丰富内涵的中国供给侧结构性改革。通过本书的研究，将有助于进一步明确改革的理论基础，丰富改革的理论内涵。

第二，有助于推进中国宏观经济管理理论研究。需求侧管理和供给侧管理都是宏观经济管理的手段，各自具有不同的特点。需求侧管理强调总量管理，侧重短期平衡，实施"逆周期"调节；供给侧管理着力结构优化，侧重长期平衡，实施"顺周期"调节。采取需求侧管理手段，通过增加投资、扩大消费和提高出口能够拉动经济增长，特别是能够部分地解决中国新常态下经济增速下行问题，但解决不了长期的结构性问题。采取供给侧管理手段，通过劳动力、土地和自然资源、资本、创新、制度等全要素生产率的提高，降低无效和低端供给，增加有效和高端供给，能够有效地推动高质量发展、保持经济持续健康发展。因此，加强对宏观经济管理理论和手段的研究，抓住需求侧管理和供给侧管理的作用关系，适度扩大需求的同时加强供给侧管理，既加强需求，又着力供给，既着眼短期，又放眼长期，协调二者在促进经济发展中的不同作用意义重大。

第三，有助于推动中国深化改革的理论实践研究。改革开放40多年，中国经济和社会发展取得重大成就，十八大以来党中央作出了全面深化改革的重大战略决策，十九大以来更加强调要坚定不移地将改革推向深入。中国供给侧结构性改革最终的落脚点是"改革"，是中国经济社会领域改革的重要举措，是要用改革的办法解决技术创新不足、制度供给不匹配、有效供给缺乏的问题，着力从适应性、灵活性的角度解决供给结构与需求变化之间的问题。通过本书的研究进一步明确，供给侧结构性改革要做的是深层次的体制机制改革，从根本上消除一切不利于创新的体制机制障碍，充分激发创新潜能和市场活力。这对于推动中国改革的理论创新、实践创新和制度创新具有一定意义。

1.2.2 现实意义

第一，有助于系统性地明确中国供给侧结构性改革的具体实现路径。本书把路径研究作为主线，研究了短期和中长期的总体路径，重点研究了推进"三去一降一补"五大改革任务的具体路径，着力分析了其现状，包括产能状况与需求状况、企业成本及费用现状、不同类型城市房地产供给与需求状况、实体与虚拟杠杆现状及供给短板现状。在现状分析的基础上，深入剖析存在的问题及其成因，提出具体实现路径。

第二，有助于从总体上把握中国供给侧结构性改革的进程。从供给管理的特征看，中国供给侧结构性改革注定是一次着眼于长期的探索，短期内强调以"三去一降一补"为重点任务，解决防止经济增速过快下滑的问题；长期以实施创新驱动发展战略为重点，解决经济发展内生动力问题，推动经济高质量发展。本书的研究着眼于改革的全局，着力在短期通过推动改革任务的实现路径，解决当前经济发展的现实问题；着眼于长期通过面向经济高质量发展的时代要求提出对策，为深入推进改革、推动高质量发展、保持经济持续健康发展提供建议。

1.3 研究的方法

本书研究的总体思路是：以路径研究为主线，寻找并建立中国供给侧结构性改革的实现路径。研究的思路有三条：第一条是研究西方经济学家供给和需求关系及中国的宏观经济调控实践,最终落脚到马克思主义政治经济学原理和中国特色社会主义政治经济学理论,探索并初步建立起中国供给侧结构性改革的理论依据;第二条是围绕改革实践,从供给需求的关系上分析"三去一降一补"五大任务的现状、问题及其成因,提出改革的路径,作为中国供给侧结构性改革的短期路径;第三条是从中国供给侧结构性改革与经济高质量发展的关系出发,建立起推进改革、推动经济高质量发展的路径,作为中国供给侧结构性改革的长期路径建议。

根据研究的总体思路,本书采取的研究方法包括:

第一,历史研究法。本书大量搜集整理了中华人民共和国成立以来国家经济宏观调控以及目前"三去一降一补"五大任务涉及领域的统计数据资料,通过这些领域的历史数据分析,找出问题所在及其成因,在此基础上提出当前和今后推进具体改革的实现路径。

第二,文献研究法。本书通过查阅国内外文献,对供给管理有关的经济理论及发展演进进行了研究。在国外文献研究中综述了包括古典经济学时代、新古典经济学时代、凯恩斯主义对需求管理的研究以及以萨伊定律为核心的供给管理研究,继而追溯到马克思主义政治经济学关于供给需求的研究;在国内文献研究中综述了国内专家学者对中华人民共和国成立以来供给需求管理实践的研究,继而追溯到中国特色社会主义政治经济学关于供给需求的研究。

第三,系统研究法。本书围绕中国供给侧结构性改革的实现路径,从理论基础的探索研究开始,遵循供给侧结构性改革的产生发展演进路线,系统地分析了"三去一降一补"五大改革任务的现状、问题及其成因,形成了实现五大具体任务的微观路径对策。面向中国供给侧结构性改革的长期任务,系统地提出了经济高质量发展时代深化供给侧结构性改革的全局性、前瞻性对策建议。

第四,实证研究法。在研究房地产去库存问题时,采用计量模型对中国房地产库存压力做了较深入研究。目前中国对供给侧结构性改革的计量模型研究并不多见,数据量也较少,本书的实证研究一方面是对相关问题的深入研究探索,另一方面也为研究该问题在方法上提供了借鉴。

1.4 基本结构与主要内容

本书的基本结构由绪论和正文共11章组成,基本框架及具体内容如下:

第1章绪论部分以供给侧结构性改革重大战略产生为背景,提出本书研究的主要问题、理论和现实意义、研究思路和方法、基本结构和主要内容、主要创新点及不足。

第2章进行文献综述,比较系统地梳理了国外需求管理和供给管理的相关理论与实践,同时比较全面地整理、归纳、评述了国内相关文献,总结了国内关于供给侧结构性改革的理论研究状况及实践现状。

第3章构建了供给侧结构性改革的相关理论,总结归纳了需求管理和供给管理的主要特征。正是由于供给管理的特征,决定了中国供给侧结构性改革实施的必要性。在此基础上明确了中国供给侧结构性改革的内涵,包括实质、最终目的、主攻方向和根本途径,也进一步明确了其与高质量发展的关系。本章内容确立了中国供给侧结构性改革的理论基础,回答了"为什么"和"是什么"的问题。

第4章、第5章以时间为顺序,梳理了中华人民共和国成立以来国家各阶段经济宏观调控的具体实践,分析了当前以供给侧结构性改革为主线的经济管理现状,在此基础上提出了中国供给侧结构性改革的短期路径和长期路径。该部分内容研究并回答了中国供给侧结构性改革"怎么样"和

"做什么"的问题。

第6章至第10章分别分析现阶段中国推进供给侧结构性改革面临的"三去一降一补"五大任务,着力分析现状、取得的成效、存在的问题,进一步明确落实改革、推进五大任务的实现路径。

第11章提出中国经济高质量发展时代如何推进供给侧结构性改革的对策建议,强调要坚持加强党对经济工作的领导,要全面提高全要素生产率,要发挥市场和政府的作用,要完善评价体系等。

1.5　主要创新点及不足

第一,理论创新。从现有的西方宏观经济理论分析,各国发展经济惯用的凯恩斯经济学强调需求管理,突出从投资、消费和出口"三驾马车"的角度研究经济增长,显然已经不能完全适应中国经济新常态发展的需要。而西方货币主义和供给学派的经济增长理论具有明显的局限性,其理论研究的假设条件脱胎于资本主义制度环境,发展于"华盛顿共识"框架下,强调在分散市场主体层面怎样能够激发供给的潜力和活力,但忽略了结构、制度供给和政府职能发挥等方面的研究。中国经济新常态下提出供给侧结构性改革具有典型的中国特色,没有完全适合的,也不可能照抄照搬任何一个经济发展理论。本书的研究提出了一个理论上的依据,尽管论证还不够全面,但可以作为当前改革的基础理论探索。

第二,体系创新。一方面是构建了供给需求及供给需求关系的研究体系,并由此引申到马克思主义政治经济学及中国特色社会主义政治经济学的角度上,使问题研究更加深入;另一方面着眼于短期与长期,把短期与长期路径的构建和研究结合,使研究体系更加完整。

第三，研究视角创新。第一个研究视角是把需求侧管理和供给侧管理结合，从需求侧管理入手，重点研究供给侧管理，牢牢把握住在适度扩大需求的同时，着力推进供给侧结构性改革，确保研究的全面性、系统性、科学性；第二个研究视角是从供给侧结构性改革的全局出发，把改革分为两个阶段，即短期、长期，从全局动态的角度研究问题，重点把握和研究了近期"三去一降一补"的改革任务。

本书的不足之处在于：由于数据获取的难度较大，对相关内容的实证研究还未充分展开；对短期路径进行了较为深入的研究，但长期路径的研究有待于今后继续加强。

第 2 章 国内外文献综述

2.1 国外文献综述

经济学研究的重要内容和主线是关于生产、财富、供给、需求等问题的研究,钱智勇、薛加奇(2018)认为,以古典经济学为基础的西方经济学对生产与需求的研究演进路线有两条:内部研究路线从古典经济学一直到凯恩斯主义经济学,外部研究路线从古典经济学一直到马克思主义政治经济学。本书综合两条路线进行了研究。

2.1.1 重商主义时代供给需求研究

斯密（1776）认为，不同时代不同国民的不同富裕程度，产生了重商主义和重农主义两种不同的政治经济学体系。重商主义产生和发展于15世纪到17世纪中叶，早期的代表人物包括约翰·海尔斯、威廉·斯塔福、蒙克列钦等，晚期的代表人物包括托马斯·孟，柯尔贝尔等。重商主义认为财富即是货币，货币即是财富，主张获取财富的贸易顺差并实施国家干预。其政策主张主要包括积极鼓励出口、限制进口以保持贸易顺差，国内实行并征收消费税以保持低消费等。

重商主义的政策主张用现代宏观经济学的视角看主要就是供给管理，其保持贸易顺差的思想可以理解为用国内的供给满足国外市场的需求。尽管其关于货币、财富的观点是错误的，但马克思指出重商主义是现代生产方式最早的理论探讨，仍然具有重要的借鉴参考意义，并且在批判重商主义的过程中逐渐形成并产生了古典经济学的理论，可以说，古典经济学的理论源头就是重商主义经济学。

2.1.2 古典经济学时代供给需求研究

古典经济学时代从17世纪中叶到19世纪20年代，马克思（1847）认为英国始于佩蒂，结束于李嘉图，法国始于布阿吉尔贝尔结束于西斯蒙第。古典经济学的突出贡献集中表现在：建立了劳动价值论的基础，核心思想认为劳动创造价值，价值的来源是劳动，价值来源的分析来自生产端，生产决定了需求。

2.1.2.1 重农主义研究

重农主义出现和发展于18世纪50—70年代，主要代表人物包括魁奈和杜尔哥。魁奈（1757）认为决定国家财富多少的，并不是货币财富的多少，他不反对货币是财富，但反对把货币作为唯一财富。同时，重农主义认为财富来源于生产，特别是农业生产。在研究商品的价格和使用价值关系时认为，商品使用价值取决于人们的需求，但价格不受需求的调节。财富与人口、需求、消费、价格等具有内在的联系，人的消费产生需求，并产生交换，消费能促进价格提高，经常的消费引起产品的经常再生产，国家财富就会恢复。可以看出，重农主义对重商主义关于财富问题进行了批判和否定，并且强调以生产端分析财富问题，这一点甚至要早于斯密。

2.1.2.2 斯密的研究

斯密（1776）对重商主义进行了系统性的批评，并以财富的来源建立了其研究的出发点和中心，他特别重视从生产入手分析一国的经济运行，并且认为一国财富只能来自生产。他利用供求关系探讨了市场价格变动的规律，认为有效需求是支付商品自然价格的需求，市场上供售量和有效需求二者的比例形成了卖方和买方之间的竞争，指出市场价格是在供求竞争中围绕自然价格上下波动的。同时，斯密把工资的变动与国民收入和资本是否增加联系在一起，认为国民收入与资本是否增加直接影响对劳动者的需求，从而影响劳动市场供求关系的变化，由此斯密提出了工资理论。

斯密对供给和国民财富增长的原因进行了分析，提出要发展市场和市场体系促进分工，从而提高劳动生产率；个人自我改善的强烈欲望如果能够通过制度转换成为对社会有益的机制就能够促进经济增长；经济社会应该消除阻碍自由竞争的制度体系。这几点对中国供给侧结构性改革具有积极的借鉴意义，即把结构性改革同体制机制改革结合起来。

2.1.2.3 萨伊的研究

萨伊（1803）对"财富的生产"进行了研究，在论述销售论时提出，"一种产物一经产出，从那时刻起就给价值与它相等的其他产品开辟了销路。"商品的出售是供给，购买是需求，所以，供给会给自己创造出需求。在资本主义条件下，某一种产品可能会滞销，但自由竞争会自动调节，使各种产品的供求趋于平衡。就全社会来说，总供给总是等于总需求，普遍性的生产过剩的经济危机是不可能发生的。萨伊的核心思想在于强调供给的重要性，被后人称为"萨伊定律"。从主要内容表述看，萨伊定律并不是解决供给结构问题的理论，因此也不可能成为供给侧结构性改革的理论依据。

2.1.2.4 李嘉图的研究

李嘉图（1817）批判了斯密抛弃劳动价值理论而用三种收入决定价值的观点。他坚持劳动价值论，把商品分为两类，认为稀少性的商品（供给少）不能由人类劳动增加数量，其价值不能由于供给增加而减低，另一类商品的价值决定于劳动时间。在其工资理论中，他提出劳动的市场价格根据劳动市场的供求围绕劳动自然价格上下波动。

2.1.2.5 西斯蒙第的研究

西斯蒙第（1819）以直接的财富为出发点，他认为在交换经济中，个人需要必须经过交换得到满足，消费决定生产表现为需求决定供给，从而简单地区分了价值与交换价值，形成了其关于价值的理论思想。

2.1.2.6 古典经济学的借鉴小结

纵观古典经济学时代的理论和研究，可以得出以下借鉴和启示：

第一，重视对生产的研究，认为生产决定需求。从宏观上讲，古典经济学认为需求是人类对物品无止境的欲望，而社会总生产是有限的，所以总生产不能满足总需求，需求欲望的满足程度取决于生产。从微观上讲，个人欲望的满足程度取决于自身生产物品的多少，供给是在创造自己的需求。

第二，供给与需求的关系中，供给占据主要地位。古典经济学不是不研究和关心需求，而是在当时的社会生产力水平下，社会生产能力有限，供给水平较低，供给根本满足不了社会需求，有限的供给会迅速被巨大的需求所消化，因此，推动社会经济发展的主要动力在于供给侧，只要提高供给能力，经济就能更快发展。

2.1.3 新古典经济学时代供给需求研究

新古典经济学时代自19世纪70年代至20世纪30年代，主张主观效用价值论，完全地从消费端和需求侧进行分析，区别于古典经济学的劳动价值论，对需求方面给予了特殊的重视和强调，采用边际分析的方法。

以门格尔、杰文斯、瓦尔拉斯为代表的边际效用学派认为商品价值是由商品对人产生的主观效用形成的，强调需求方面的因素来说明价值决定。以斯密、李嘉图、穆勒为代表的经济学家认为商品的价值或自然价值是由生产成本构成的，强调供给方面的因素来说明价值决定。马歇尔综合了两类观点，提出了均衡价格的理论，认为暂时的市场价格由需求起主要作用，短期的"次正常价格"由需求和供给共同起作用，长期的正常价格由供给起主要作用。为此马歇尔（1890）画出了表征市场均衡价格的供给曲线和需求曲线，至此，供给和需求在经济活动研究中占据了大致相当的地位。

2.1.4 以凯恩斯主义为核心的需求管理研究

凯恩斯主义被认为是需求管理的理论，提出并进行需求管理理论研究的代表人物是凯恩斯，它包括以萨缪尔森等为代表的新古典综合学派、以琼·罗宾逊等为代表的新剑桥学派、以小罗伯特·卢卡斯等为代表的新古典主义以及新凯恩斯主义。

2.1.4.1 凯恩斯的研究

凯恩斯（1936）提出了"有效需求"理论，他继承了马歇尔关于单个产品需求与供给价格均衡关系的思想，并在此基础上得出总供给与总需求均衡时总就业量由总需求量决定的观点。同时指出判断社会是否处于不存在非自愿失业的充分就业均衡状态，要根据有效需求的大小决定。由于受到流动性偏好、边际消费倾向等因素影响，一般有效需求都存在不足的现象，至少有"非自愿失业"的情况存在。当社会需求过度时会产生通货膨胀，因此，政府干预经济主要是经济萧条时期反萧条，通胀时期反通胀，即调节有效需求。因此，凯恩斯经济学的核心是"需求管理"经济学，同时，凯恩斯关于有效需求理论的论述也是对萨伊定律关于"供给自行创造需求"思想的批评和否定。

凯恩斯的需求管理经济学产生的背景是 20 世纪 30 年代爆发的资本主义经济危机，其理论研究的主要目的是解决因危机产生的大规模失业问题，理论工具是进行短期的、比较静态的总量分析。他指出就业低于充分就业时，供给过剩、资源闲置，所以要带动消费，促进投资，推动总需求的增加，就业量上升，限制资源便可以充分利用。可见，凯恩斯在分析的过程中有一系列的假设条件，比如供给不变、资源充足等。另外，凯恩斯在国家政府进行干预、刺激需求增长带动就业量等方面都提出了相关的政策主张，都是以供给不变的假设为前提的。这为后续的经济学研究，特别是供给学派的产生提供了机会和条件。

2.1.4.2 新古典综合学派的理论研究

凯恩斯的《通论》出版之后，希克斯和汉森进行了补充、解释，建立了 IS-LM 模型。萨缪尔森（1948）将马歇尔的新古典经济学和凯恩斯的理论进行综合，认为"只要适当地增加财政金融政策就能使混合经济不会过分地繁荣与萧条"，"政府积极地使用财政政策和货币政策就完全能够填平微观经济学和宏观经济学之间的鸿沟"。以萨缪尔森为首的学派形成新古典综合派，他们政策主张的核心是"需求管理"理论，坚持发挥政府作用，运用财政政策和货币政策调节宏观经济运行，把总需求的调控作为政策重点，目标是充分就业、经济增长、物价稳定和国际收支平衡。

2.1.4.3 新剑桥学派的理论研究

新剑桥学派反对新古典综合派关于资本主义经济治理的政策，也反对货币主义减少国家干预的政策，主张政府应采用各种收入分配政策缓解资本主义经济运行中的矛盾。他们认为由居民的储蓄倾向计算出充分就业时能够达到的国民收入中的储蓄量，然后通过政府实施的财政政策和货币政策安排足够的投资吸收掉这笔储蓄，经济就能够实现充分就业均衡。琼·罗宾逊对不完全竞争理论（1961）、经济增长与分配理论（1956）和价值与价格理论均进行了相关论述。

2.1.4.4 新古典主义的理论研究

新古典主义理论的研究出现在20世纪80年代，主要代表人物是小罗伯特·卢卡斯。新古典主义学派提出了实际周期理论和货币周期理论，强调政府应该保持依据最优化模型制定的政策的稳定性，认为凯恩斯主义微观基础缺乏；工资和价格从长期看具有充分的灵活性，市场能够出清，长期的严重的失业和经济危机不会发生；运用最大化原理和对策论分析后认为凯恩斯主义主张的宏观经济政策在长期和短期内都是无效的。

2.1.4.5 新凯恩斯主义的理论研究

新凯恩斯主义吸收借鉴了货币主义、理性预期学派等理论，基于工资、价格和利率的黏性，认为货币政策对稳定宏观经济具有非常重要的作用，劳动市场、产品市场和资本市场是非出清的，信贷配给会经常出现在资本市场。通过不完全竞争平衡的分析方法认为政府需要干预宏观经济。奥利维尔·布兰查德认为，政府宏观政策对产量的影响如果很快发挥效力，就需要采取较为严格的控制措施，相反应该采取更为灵活的政策。

2.1.4.6 凯恩斯主义复辟者的理论研究

自20世纪90年代凯恩斯主义"复辟"，复辟者提出侧重于需求侧调节"逆风向"而行、"反周期"宏观调控的经济政策思路。萨缪尔森（1970）认为经济是繁荣与萧条不断更替的，因此收缩与扩张的政策必须交替使用。其特点是在经济衰退时使用扩张政策，通过增加货币供给量、降低利率等手段刺激社会总需求，达到消灭失业的目的；在经济严重膨胀时使用紧缩政策，通过减少货币供给量、提高利率等手段抑制社会总需求，达到抑制通货膨胀的目的。这种逆经济风向行事的政策主张在经济建设中有可借鉴之处。

2.1.5 以萨伊定律为核心的供给管理研究

提出并着力主张进行供给管理的经济学家包括萨伊、马尔萨斯、西斯蒙第、马克思、裘德·万尼斯基、阿瑟·拉弗、马丁·斯图尔特·费尔德斯坦、格林斯潘等。

2.1.5.1 萨伊的理论研究

萨伊（1803）提出，一个产品一经产出，即在它自己的全部价值的限度以内为另一个产品提供了市场。只存在局部的特定产品的供需不均衡，而不会发生全社会整体的生产过剩或生产不足。"供给创造自己的需求"成为萨伊的核心思想，被后人称为"萨伊定律"，也被普遍认为是"供给侧"思想的源头。萨伊定律奠定了早期经济学家关于工业革命中的劳动分工、资本积累、国际贸易分析的理论基础，开创了从供给侧研究经济问题的先河。但萨伊的论述并不充分完美，马尔萨斯（1820）、西斯蒙第（1819）、马克思

(1867)等经济学家研究认为,"供给自动创造需求"只能是理想中的经济运行状态,在复杂的流通环节中这个过程会中断。同时,萨伊主张政府不干预经济,这显然难以有效治理经济问题。

20 世纪 30 年代,整个资本主义世界的经济大危机、大萧条,出现了市场全面的生产过剩,宣告了萨伊定律的终结。凯恩斯主义提出了总需求管理理论,解决了因危机产生的大规模失业问题,否定了萨伊定律。

2.1.5.2 供给学派的理论研究

20 世纪 70 年代,为了解决凯恩斯经济学理论无法解释的资本主义国家严重的"滞胀"问题,非凯恩斯经济学研究崭露头角,其中最重要的学派是供给学派。按照美国《新闻周刊》20 世纪 80 年代初的总结,由裘德·万尼斯基(1977)命名的供给学派的主要代表人物有:保尔·麦克福、托马斯·萨金特、马丁·斯图尔特·费尔德斯坦、罗伯特·巴特莱、裘德·万尼斯基、罗伯特·霍尔、克莱格·罗伯茨、米切尔·博斯金、米切尔·伊文斯、阿瑟·拉弗等。供给学派内部由两个分支组成:以阿瑟·拉弗为代表的"主流供给学派"和以马丁·斯图尔特费尔德斯坦为代表的"温和供给学派"。两支学派主要的理论逻辑和观点基本一致,追捧萨伊的"供给自行创造需求"的理论,重视供给分析。但也存在一定争论,主要体现在:一是供给侧是经济增长的源动力;二是刺激消费和投资是增加供给的途径;三是减税是增加刺激的重要方法;四是一定要具备尽最大努力减少政府对市场干预的外部性。

罗伯特·芒德尔(1971)反对福特政府通过征收附加所得税来控制物价的计划,主张降低税率、鼓励生产,同时恢复金本位、稳定美元价值来抑制通货膨胀。阿瑟·拉弗(1974)进一步研究并发展了罗伯特·芒德尔的论点,提出著名的"拉弗曲线",主张减税能够促进经济增长。对于通货膨胀的治理,裘德·万尼斯基(1977)、马丁·斯图尔特·费尔德斯坦(1979)等代表性学者认为:过去的反通货膨胀政策忽略供给,而过分地注重了需求，忽略了通过刺激生产力的方法来解决通货膨胀和失业问题。在供给方面可以采取两种措施抑制通货膨胀：一是减税。通过减税增加了企业和个人的税后净收入，能够刺激企业和个人投资的积极性，最终使生产力提高、供给增加。二是削减社会福利开支。通过削减政府财政赤字消除通货膨胀的压力，通过降低人们对社会的依赖心理促进参加工作，从而减少失业。

在供给学派思想指导下，美国宏观经济结构在很大程度上得以优化，树立了供给学派 20 世纪 70 年代末在美国经济学界的重要地位。尽管供给学派对美国"滞胀"问题起到了一些效果，但直到里根政府结束第二任期，美国经济一直没有实现宏观经济高速增长，反而出现了极为严重的财政赤字和贸易赤字。

2.1.5.3 新供给学派的理论研究

在凯恩斯主义复辟时期，萨缪尔森成为最突出的代表人物。作为新古典综合学派代表人物的萨缪尔森主张并实施了"逆风向"的宏观调控，使美国经济历经了十余年的稳定增长。但是，2008 年美国金融系统爆发"次贷危机"，并且引发欧洲陷入严重的主权债务危机，这次世界金融危机直接导致经济学界对凯恩斯主义的再次质疑。值得注意的是，美国在这次金融危机救市政策中，摆脱"华盛顿共识"，从"供给侧"进行了"区别对待"的政策操作与结构性调整，对本国宏观经济实施了强有力的"供给管理"，并取得明显成效，使得"供给侧"调控思想再次引发重视。

2.1.5.4 里根主义的供给革命

20 世纪 70 年代，美国经济出现了第二次世界大战后首次大规模的衰退，70 年代末期，其通胀率上升至两位数，失业率也接近两位数，发生了较为严重的"滞胀"问题。里根 1981 年当选总统上台后，积极推行经济复兴政策，包括：大幅度减税；大力压缩社会福利开支等非军费开支；实行稳定的货币政策，严格控制货币供应量增长；放松政府对企业规章制度的限制，减少国家对企业的干预；大力扩大国防开支。

通过一系列复兴政策的实施，里根有效地解决了美国"滞胀"的难题。从里根采取的经济政策看，其较多地运用了供给理论的相关政策建议，比如减税。但对里根主义供给革命的评述也有不同的声音，它不可能成为中国供给侧结构性改革可供参考的范式。

2.1.5.5 撒切尔主义

撒切尔夫人1979年上台后，当时英国的通胀已超过两位数，最高达到21%，衰退已经显而易见。撒切尔夫人运用紧缩的货币政策治理通货膨胀的问题。同时在供给方面，采取了国企私有化、减税、削减福利开支，放松管制鼓励竞争等举措。通过这个改革举措，英国1982年抑制住了经济衰退，GDP增速达到5%左右，通货膨胀率降到了8%，取得了积极的成效。

撒切尔夫人的思想来源于哈耶克，货币政策主要来自弗里德曼的货币主义。尽管撒切尔夫人的经济管理举措具有积极的借鉴意义，然而其完全化的私有制和市场化与中国的主流意识形态相矛盾，不符合中国持续性改善民生以及追求共同富裕的目标，所以不能解决中国当前的发展问题。

综合研究西方供给管理的相关理论，萨伊定律的逻辑无法解释中国产能过剩和2008年世界金融危机的出现；新供给经济学研究的滞胀问题在中国并不存在，中国当前的结构性问题也无法通过减税等政策解决；里根经济学、撒切尔主义、新自由主义主张背离了中国以人民为中心的发展理念。因此，尽管这些国外的理论与实践对中国供给侧结构性改革具有一定的借鉴意义，但都不能完全作为改革的理论基础。

2.1.6 马克思主义政治经济学的供给需求研究

马克思（1883）并未对供给和需求进行单独的研究，而是在研究资本主义生产过程的基础上对供求关系进行了研究。

第一，马克思的供给需求分析涉及两个层次。一个是单个商品的供给需求，提出单个商品的供给必须保证有使用价值并且具有社会使用价值，同时以满足需求为目的，通过交换实现，由社会必要劳动时间决定；另一个是从社会总产品再生产实现的角度分析社会总供给和总需求之间的关系及运动规律。

第二，马克思以劳动价值论为基础进行生产和需求的关系研究。马克思界定了商品的价值和使用价值两个因素和交换价值的概念，提出了劳动的二重性，指出一切财富来源于劳动，抽象劳动决定了商品的价值。其内在的逻辑在于：使用价值以价值为基础，即以人类的抽象劳动为基础，供给和需求形成的价格取决于生产中人类消耗的抽象劳动。马克思对古典经济学的劳动价值理论进行了科学的发展和完善。

第三，马克思以供给与需求关系为基础，从生产关系的角度阐释了资本主义经济危机的根源。马克思认为资本主义的经济危机是生产过剩和有效需求不足之间的矛盾，危机的本质是生产过剩，但实质上是超越了劳动人民支付能力的相对过剩。这种供给大于需求的非均衡状态本质上是由资本主义生产社会化和生产资料的私人占有之间的矛盾造成的，是由资本主义的生产关系决定的。只有消灭资本主义制度才能改变这种生产关系，才能从根本上解决供给和需求结构的矛盾。

马克思在构建政治经济学的过程中，形成了自己的供给理论。他认为，在供需关系中，供给起决定性作用，有效需求的大小取决于一定的生产关系和分配关系，需求决定了潜在供给的实现程度。从理论上总结出决定经济增长的主要因素：在市场经济下，对利润的追求成为供给的激励机制，而社会主义制度下，人民的需求决定了供给或者生产的增长。同时，马克思从制度和生产关系的角度分析了总供给和总需求规模，特别是二者结构的决定，经济结构关系取决于生产关系，对经济结构的调整必须对生产关系或者体制进行改革或者调整。这些论述成为中国供给侧结构性改革的重要理论依据。

2.2 国内文献综述

2.2.1 计划经济时代的供给需求研究

计划经济时代大致从 1949 年中华人民共和国成立初期到 1978 年改革开放前。在国民经济恢复时期（1949—1952 年），中国社会生产力水平极其低下，通货膨胀严重，物价飞涨，财政经济困难，对外面临帝国主义的经济封锁，对内面临不法资本家的疯狂投机。面对这些问题，国家实施了恢复国民经济的一系列举措，重点在于恢复生产，通过生产的计划调节努力增加供给，通过供应的计划调节努力协调供需结构。这期间，在政府的主导下，中国建立了计划经济体制。1953 年到 1978 年，中央进一步加大了计划性，市场经济体制彻底被隔离在资源配置领域之外，中国实施了高度集中的计划经济。

在计划经济体制下，中国政府宏观经济管理的目标包括：一方面满足人口增长导致的潜在需求膨胀，另一方面压低消费、增加积累，满足工业化要求。政府根据宏观经济管理理论，采取投资、消费、政府购买和出口拉动经济增长，投资和政府购买融为一体，政府决定全社会固定资产投资，同时控制社会消费，到 20 世纪 70 年代末，中央政府是唯一的投资主体，实施投资审批制度，以财政拨款进行投资，安排行政部门进行具体设计和施工。高萍（2002）认为，中华人民共和国成立时，政府通过"有限的干预"实施经济管理职能，1953 年到 1956 年，"有限的政府干预"转变为"政府统制"，行政命令和指令性计划甚至军事手段成为最主要的经济管理手段。

袁宝华（1999）、梁柱（2004）认为，中华人民共和国成立初期的计划经济体制对国民经济恢复、重点建设实施和人民生活保障等方面具有重要作用。武力（2003）认为，计划经济在当时适应了中国追求工业化和建立独立工业体系的需要，具有市场经济短期无法具备的作用。穆敏、杨明清（2001）认为，高度集中的计划经济在当时完成了中国发展战略、赶超战略、退却战略、备战战略等重要战略任务，对集中人、财、物实现这些战略是极为有利的。当然计划经济也有弊端，林中萍、黄振奇（1994）认为，片面强调计划的作用，特别是计划经济后期完全否认市场的作用，片面强调宏观管理调控等导致了中国技术进步缓慢，经济效益低下，人民生活水平提高不大。陈德萍（2000）认为，高度控制的计划手段人为扭曲了要素价格和产品价格，使资源配置缺乏效率，资源配置权力过分集中，国民经济缺乏微观层面活力，计划经济时代的短缺成为常态现象。

总之，这种完全由政府操办的管理方式在中华人民共和国成立初期曾发挥过积极作用，对初期工业化发展具有一定意义。但随着经济复杂化和产品多样化，计划指标体系越来越庞杂，计划经济体制下的管理方式不能满足现实需要，由计划经济向市场经济的转型逐渐成为历史的必然。

2.2.2 由计划经济向市场经济转型时代的供给需求研究

计划经济向市场经济转型从 1979 年开始，陈云（1979）提出社会主义时期必须有计划经济和市场调节两种经济，发展经济要在计划经济下发挥市场调节作用。高萍（2002）从政府职能转变的角度对经济管理模式的不同阶段进行了划分：1979 年到 1984 年是"计划经济为主，市场调节为辅"，1984 年是"有计划的商品经济"，1987 年是"国家调节市场，市场引导企业"，最终 1992 年在中共十四大上明确提出发展社会主义市场经济，市场经济的提议正式走上经济舞台，中国的经济体制也由计划经济逐渐向市场经济转型。

1992—2006 年是中国社会主义市场经济体制初步建立并逐步完善的阶段。1992—1998 年，国内出现通货膨胀和经济过热，1998 年亚洲金融危机和国内通货紧缩并存，冯梅、王之泉（2010）认为，这一时期市场的逐渐放开使得生产过剩与相对短缺并存，通货膨胀与通货紧缩压力同在，宏观管理的行政和计划手段逐渐转变为经济和法律手段，财政和货币政策的调节作用逐渐加大。

转型发展后的时期，中国在计划体制下引入市场，建立了通过市场满足人口需求的混合体制。改革开放初期的需求管理实质是在满足人口增长需求的同时实施工业化，由于政策适用，促进了当时的国民生产，国民需求开始自主满足。以 2008 年世界金融危机为时间点，在 2008 年前的时期是契合经济发展供需理论的，即通过需求端管理逐渐与供给端平衡，中国经济呈现了 10% 左右的高速度增长。

2.2.3　2008 年世界金融危机时期的供给需求研究

2008 年是中国宏观经济管理的转折点，由于金融危机的爆发，为了提振经济，避免经济受到世界金融危机的严重影响，中国政府实行了"四万亿"的需求管理的政策。虽然当时的"四万亿"政策取得了稳定经济、保持经济快速增长的预期效果，但是却造成了中国的需求管理的边际收益递减。方福前（2016），江小国、洪功翔（2016）的研究表明，中国 GDP 自 2010 年开始持续不断地下滑，到了 2015 年全国 GDP 下滑到了 7% 以下；李扬、武力（2016）的研究显示，钢铁、电解铝、水泥、建材、造船等行业的产能利用率较低，徘徊在 70% 左右；房地产泡沫严重，房价过高，超过多数居民的承受力；个别银行的不良贷款率超过了 2% 的警戒线，全国 2014 年的债务也达到 GDP 的 2.36 倍。政府投资发生挤出效应，挤出了那些高效率的社会投资和企业家投资。并且由于中国现存的体制原因，政府官员的政绩和 GDP 水平、财政收入挂钩，使得政府官员热衷于投资那些高财政税收和高投入高产出的产业，比如水泥、钢铁和汽车等行业。陈小亮、陈彦斌（2016）的研究也显示，地方性政府的竞争造成一些产业的重复建设，从而引发了这些产业的非规模性的总量的增加。这些总量的增加不会引发"1+1=2"的简单规模效益,只会超出经济需求适合量造成产品的供给单方面的增加,使得产品价格下降进而收益减少,甚至产品滞销进而致使政府投资收益递减。

应该说"四万亿"的需求管理政策有其积极的作用,客观上托住了经济增速的大幅度下滑,但其政策后果需要度过艰难的消化期,需求侧管理过程中出现了"失灵"的问题,包括:第一,政府过度投资导致投资收益递减;第二,过度干预经济运行引发重复投资、重复建设,造成资源浪费;第三,由于需求管理政策的过度介入导致了资源价格扭曲和对行业的政策性偏重,造成资源错配和资源配置无效率;第四,由于寻租行为的存在而造成资源配置的扭曲,阻碍了市场化的进程等。中国必须实施深层次的改革解决这些问题。

2.2.4 中国特色社会主义政治经济学的供给需求研究

2.2.4.1 中国特色社会主义政治经济学的研究对象

中国特色社会主义政治经济学是马克思主义政治经济学在中国新的历史条件和社会经济条件下的创新成果,其本质属性是以人民为中心,研究对象包括:

第一,生产力和生产关系。对生产力的研究包括通过改革的手段解放生产力、发展生产力和与生态环境保护密切相关的保护生产力。把生产力和生产关系的矛盾分析作为基本方法论,从供给和需求的角度明确了中国的主要社会矛盾。中华人民共和国成立很长一段时间内,国家的主要社会矛盾是人民日益增长的物质文化需要同落后的社会生产之间的矛盾。当前中国进入新时代,十九大把社会主要矛盾定义为人民日益增长的对美好生活的向往同不平衡不充分发展之间的矛盾。

第二,多种生产关系和相应的经济制度。中国处于社会主义初级阶段,这一阶段的基本经济制度以公有制为主体、多种所有制经济共同发展。以公有制为主体，保证了中国社会主义性质；除了占主体地位的公有制，还有个体经济、私营经济、外资经济等非公有制经济，这既是公有制经济的补充，也保证了中国国民经济迅速、健康地发展。因此，经济制度的多样化也必然要求生产关系的多样性，并且要研究建立起生产关系与经济制度之间的对应关系，以促进经济更好发展。

第三，经济运行和相应的经济体制。经济体制的建立要符合基本经济制度，经济运行的方式要与经济体制相配合，如在社会主义初级阶段如何推进市场经济体制不断完善，采用何种宏观调控手段，如何协调处理投资、消费和出口"三驾马车"对经济的拉动等问题。

2.2.4.2 中国特色社会主义政治经济学在新时代的创新

中国特色社会主义政治经济学不断与时俱进，在新时代不断创新，体现在：

第一，对生产关系研究的创新。建立了社会主义初级阶段的基本经济制度；不断丰富和发展了社会主义市场经济理论，例如从十四大把市场定位在国家宏观调控下对资源配置起基础性作用到十八届三中全会上定位为起决定性作用等。

第二，对发展生产力方面的创新。明确中国经济发展由高速发展转变为高质量发展的目标；在经济中高速增长的新常态下，为解决资源环境问题和供求结构失衡问题而采取的供给侧结构性改革的必要性研究；跨越中等收入陷阱、解决发展不平衡问题采取的补短板问题研究；"创新、协调、绿色、开放、共享"的五大发展理念。

中国特色社会主义政治经济学关于社会主义初级阶段生产力和生产关系的研究、关于新时代社会主要矛盾的研究、关于经济制度的研究、关于经济体制的研究等都对中国供给侧结构性改革具有重要的指导意义，能够成为中国供给侧结构性改革的理论依据，也是立足中国国情、指导解决中国问题的必然选择。

2.2.5 中国供给侧结构性改革的相关研究

2.2.5.1 中国供给侧结构性改革的理论依据研究

一类观点认为，中国的供给侧结构性改革要重回西方供给学派的理论。邓新华（2017）认为，萨伊定律比凯恩斯主义可以更好地应对危机，2008 年世界金融危机时萨伊定律就应该重放光芒，希望萨伊正确的经济学思想能让中国经济走向更高的高峰，强调理解供给侧改革必须回到萨伊定律。许小年（2015）认为，从微观动态演化和宏观可持续增长的角度看，萨伊的见解都比凯恩斯更加高明和深刻，从萨伊定律的角度分析，中国的产能过剩是某些行业生产过多，同时其他行业生产不足，由此产生的产能过剩其实是产能错误。可持续增长的关键技术因素和生产组织方式都在供给侧，即使是供给经济学的核心政策——减税也可以包含在强调供给侧的经济学里。陈季冰（2015）认为，纵观欧美发达国家的经历，从标志性的里根和撒切尔"新政"以来，政府经济政策从凯恩斯主义向供应学派的转变帮助他们成功摆脱衰退，并赢得了 20 年经济繁荣。中国供给侧结构性改革应该告别凯恩斯主义，拥抱供给学派。

另一类观点认为，中国供给侧结构性改革是中国式的改革创新。胡月晓（2016）认为，西方学术层面上的"供给主义"是"供给自动创造需求"，只是理论上的分析；西方政策层面上的"供给主义"核心是自由主义，即政府最大限度地减少干预，包括税收、管制。显然，中国的供给侧改革和西方"供给主义"是完全两个不同的方向，是中国政府根据国情选择的创新调控方式。林采宜（2014）认为，中国经济未来是一个真实经济运行的"L"型，改革是唯一的出路，改革是政治经济学。改革表面上是增速换挡，实质上是动力升级，根本上是靠改革转型，生产关系要适应生产力的发展。李拉亚（2014）认为中国供给侧结构性改革需要理论创新。供给经济学和新古典经济理论都强调市场可以避免危机，而2008年的美国金融危机证明这两种理论不符合实际情况，供给侧改革理论必须高于新古典经济理论和供给经济学。尹艳林（2016）认为，供给侧改革不是新的计划经济，中国供给侧结构性改革不等于供给学派的主张，不等于结构调整，不是搞新的计划经济。林毅夫（2014）认为，从2010年以后，中国经济增长速度持续下滑，存在国际上普遍持有的体制机制和增长方式问题，但同巴西、印度等国家的经济增速横向对比看，更是外部性的、周期性的问题。中国的宏观政策一直是需求管理和供给管理交叉作用的，既不是凯恩斯主义政策，也不是供给学派的政策，中国供给侧结构性改革应该有中国式的理论创新。

综合国内外的文献研究可以看出，马克思主义的政治经济学能够"透过现象看本质"，通过供给和需求关系的根源性研究建立了社会发展的相关理论，解释了社会现象的根源，从而也能够找到科学的、正确的推动社会发展的方式。中国特色社会主义政治经济学是马克思主义政治经济学的中国化，是适应当代中国国情和时代特点的成果，其理论更加符合中国的实际情况，其相关研究内容与中国供给侧结构性改革的方向一致，内涵一致，因此，本书研究认为，中国供给侧结构性改革的理论依据应回归到马克思主义政治经济学，其直接的指导性理论是中国特色社会主义政治经济学。

2.2.5.2 中国供给侧结构性改革路径的研究

从改革关注的重点看，盛洪（2016）认为，供给侧改革的首要任务是国企改革。国有企业问题绝不是企业层次的问题，而是宏观层次的问题。国企是否真正改革，显著影响到宏观变量。许昆林（2016）主张实施投资领域的供给侧结构性改革。扩大合理有效投资能够同时补短板、调结构，并且推动培育发展新动能。投资领域供给侧结构性改革任务包括改善制度供给、推动结构调整、培育发展动能、创新投融资方式等。贾康（2015）认为，供给侧结构性改革要从供给端入手，改革进程中要利用国际石油、矿产等大宗商品价格走低的机会，利用我国外汇储备高、储蓄率高及青壮年劳动力多等各类有利条件，采取选择性投资增加有效供给，在"补短板、挖潜能、转主体、增活力、提效率、可持续"方面发力，促进"稳增长、促改革、优结构、护生态、惠民生"。

从要素和效率的角度看，颜色（2016）认为，中国供给侧结构性改革应着眼于效率提高，效率的提高应着眼于要素市场的效率提高，包括劳动力市场、资本市场、土地房地产市场的效率提高，政府的角色要更合理、更有效率，市场体系和市场整合程度要进一步完善。刘世锦（2016）认为，供给侧改革的主战场是要素市场改革，重点在微观层面，通过实质性的改革措施，进一步开放要素市场，打通要素流动通道，优化资源配置，全面提高要素生产率。李佐军（2016）认为，供给侧包括两个基本方面：一方面生产要素投入，另一方面，全要素生产率提高。重点要解决好四个问题：一是加快培育各种创新主体；二是激发各主体的积极性和创造性；三是主动释放风险，退出僵尸企业，培育市场竞争力的新产业和新产品；四是促进技术进步、人力资本提升、知识增长等要素升级。

从体制机制的角度看，朱克力（2015）认为，中国供给侧结构性改革不是加大政府对供给的计划和管制，而是进一步简政放权，通过体制机制改革，让市场和民营资本发挥更大主动性与创新性，增加供给的活力和质量。滕泰（2014）认为，当前中国经济发展受到"供给约束"和"供给抑制"的制约，提高经济的短期增长率就要通过减税、降低社会成本、减少垄断、放松管制等措施释放"供给约束"，提高经济的长期潜在增长率就要通过放松人口生育控制、放松户籍制度、减少资本与金融管制、优化土地与资源产权结构、推动国有企业等低效率领域的制度改革等措施解除"供给抑制"。以滕泰为代表的新供给主义还认为要"重视熊彼特增长，重启斯密增长"，放弃传统产业政策，改善供给结构，提高供给效率，提高供给贡献和边际报酬。

第3章 中国供给侧结构性改革的相关理论

3.1 需求管理和供给管理的主要特征

3.1.1 需求管理的主要特征

首先,需求管理强调总量管理,主要采用财政政策和货币政策等总量调节政策增加有效需求。以凯恩斯为代表的经济学家形成的相关理论认为,经济萧条是由需求不足带来的,解决需求不足的相关政策就是扩大总量、增加就业、提高收入。但究其根本,经济萧条是由于经济的高速发展过程当中社会投资扩张过度,超出计划投资范围,从而导致相关行业产能过剩。需求管理政策使产能进一步过剩,带来产品滞销、价格下降、企业亏损乃至新一轮的失业。

其次，需求管理侧重短期平衡。相对来说，社会总需求的总量平衡主要是价值平衡，即财政收支和货币收支平衡。为实现价值平衡采取的财政政策和货币政策都需要在短期内或者年度内实现，因此具有明显的短期管理特征。

第三，需求管理着重解决宏观层面的问题，如价格总水平、利率总水平、就业总水平等。其实，经济发展水平在一定程度上反应于微观经济层面，说明了企业或经济主体活力的问题。所谓经济主体充满活力，可以自然地优胜劣汰，形成资源高速有效地进行合理配置。需求管理并没有在主体活力上给予关注，而是过分地注重刺激的作用，最终带来过剩和滞胀。

第四，需求管理实行逆周期调节。经济运行中会出现繁荣和萧条交替的周期，逆周期调节就是用货币和财政政策等宏观政策，经济萧条时实行宽松的货币政策和积极的财政政策，繁荣时为了抑制泡沫采用收紧的财政政策和货币政策。

3.1.2 供给管理的主要特征

首先，供给管理注重结构优化。从供给侧管理看，经济趋缓或下行是深层次的长远性的结构性问题，产生这种结构性问题的原因在于低层次产能过剩产业过多，资源配置不合理，然而消费者的潜在需求却无穷无尽。同时，供给管理认为企业的有效供给可以创造新的需求，即为结构性优化，主要反映在进和退两方面：进就是调整出新的产业形成新的产品，退则为低层次过剩产能顺利退出，形成资源的合理配置。结构优化包括产业结构、区域结构、市场结构、收入分配结构等的优化，以更好地实现社会总供求的结构平衡，为此需要采用协调配合的产业政策、区域政策、投资政策、消费政策、外贸政策等政策体系。

其次，供给管理强调长期平衡。供给管理采取的相关调整政策的效应需要一定的时间去逐渐呈现。总供给水平取决于技术水平和可利用资源的规模，所有因素都具有长期发展的特点，因此，供给管理政策具有长期性，供给侧结构性改革亦是一个长期发展，逐步调整和完善的过程。比如调整过程中教育、人口等相关促进政策，其效果显现的时滞性和周期性相对较长。经济增长的持续依靠潜在增长率的持续，即资本、劳动和技术的持续增长，而这些仅仅通过需求管理政策是远远不够的，一定要通过深化改革，通过经济结构调整和科技进步，从供给端提高国民经济的潜在持续增长，从而更充分地满足社会需求。

第三，供给管理实行顺周期调节。一方面通过增加供给管理的针对性和有效性，预调微调，熨平经济增长短期波动，保持宏观经济在合理区间顺利运行；另一方面增强长期发展的有效供给能力，增强供给结构对需求结构的适应能力，增强微观经济主体活力，提高全要素生产率，提升经济增长潜力，为经济持续健康发展提供重要支撑。

第四，供给管理注意解决微观层面的问题。供给管理将经济发展归结于经济主体活力，关注微观市场。供给是企业的供给，不是政府的供给，供给管理主张的减税，就是要减轻企业负担，促进企业创新，努力创造新供给。

第五，供给管理重视增加制度供给。供给理论倾向于让市场机制的作用得以充分发挥。供给理论认为市场上的优胜劣汰是能够产生积极作用的，之所以经济萧条，主要是因为产能过剩；而经济萧条的过程当中能够挤出水分，淘汰落后者，带来结构上的调整，技术上的创新。然而，供给管理一定需要制度上的支持和供给，这就体现了政府的任务和职能。

3.1.3 需求管理和供给管理推动经济发展的动力机制

在实际的经济发展过程中，随着全球经济环境的日新月异，经济形势的变化多样，在解决产品与服务如何满足需求即消费的需求侧问题时，同样要考虑供给侧的问题，即"生产什么"和"如何生产"，尤其需要注意的是如何优化制度供给的问题。如图 3-1 所示，需求侧主要强调"投资、消费、出口"三驾马车，决定了短期经济增长率；而供给侧则主要强调"劳动力、土地、资本、技术创新"等生产要素，在充分有效资源配置条件下，其实现的是长期潜在经济增长率。

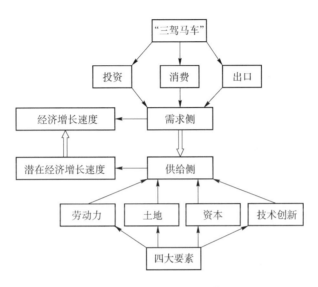

图 3-1　需求侧与供给侧关系

需求侧和供给侧的观点不同。需求侧观点认为，产出减少的原因在于需求欠缺，应采用积极的财政和货币政策，利用刺激消费和投资、增加出口等来扩大总需求，提升实际产出水平。供给侧观点则认为，经济增长的拉动需要依靠潜在产出水平的提高，主要应提高全要素生产率，在这个过程中无须财政或货币政策来刺激需求，只需要通过看不见的手来进行自我调节，便可以实际产出达到潜在产出水平。可见，供给管理和需求管理均为一种宏观调控手段，二者侧重点不同，周期性不同，所产生的经济效应也存在很大的差别。在新常态下，要想推进供给侧结构性改革顺利进行依然要与需求管理政策共同发挥作用，把供给改革作为核心，将结构性改革与刺激需求相结合，由供给侧和需求侧双向发力，共同实现经济发展方式的转变和结构性改革的升级。

3.2 中国供给侧结构性改革的必要性

3.2.1 经济高质量增长需要优化供给体系

从国内看，改革开放40多年，中国经济持续快速增长，但是近年来经济增速有所放缓，其中有需求总量的问题，但供需关系的结构性不对称是主要原因。一方面，产能过剩导致中国经济不能顺利实现转型；另一方面，需求侧和供给侧存在严重的不平衡问题，中国并不是有效需求不足，而是供给不能匹配人们日益增长的消费升级需求。简言之，随着经济的发展，国民普遍需要高质量的产品，可现实是中低端产品供给过剩，高端产品不足。国外服饰、食品、化妆品乃至马桶盖、电饭锅代购问题反映了中国这些领域的高端供给不能满足人民的旺盛需要；医疗教育等服务民众的领域供给满足不了人民对美好生活向往的需要，即使有企业愿意投资于这些领域，但由于存在体制性障碍，这些领域的供给仍然不能增加；高端技术创新不足，中国长期无法实现圆珠笔笔头的滚珠、中兴通讯芯片等高端产品的自我供给。既然宏观性的总需求经济政策不能增加高端产品的供给，那着力点应转向供给侧，实施供给侧结构性改革。一方面去产能，控制对僵尸企业的无效投资，把节省下来的人力物力财力投入能生产高端产品的企业；另一方面，放松对民间资本的控制，增加市场对教育和医疗领域的投资，为社会提供更多的便民产品与服务。这样既能去产能，还可以提高有效供给。这样供给侧能够更敏锐地捕捉到需求侧发生的变化，并及时地适应这种变化，生产要素的利用率更高，经济发展更加健康，供给侧对需求侧的适应性和灵活性更强。

从国际上看，世界金融危机后，世界主要发达国家都在积极进行供给体系的优化调整，诸如德国的工业4.0战略、美国的再工业化战略等。当前中国正处于一个新技术革命的历史性机遇期，如果不着力不抓紧进行经济结构调整，就会在下一轮国际竞争中陷于被动。

3.2.2 经济持续发展需要转换发展动力

根据人均国民收入水平计算，中国在2010年已经达到了4 000美元左右，已经进入中等收入阶段。20世纪中期以后，东南亚国家都陆续踏入中等收入陷阱，唯有日本和韩国成功跨越了这一陷阱，所以要吸取东南亚国家的教训，借鉴韩国和日本的经验，突破中等收入陷阱。陷入中等收入陷阱的原因主要是产业结构转型失败，劳动密集型无法顺利转向资本或技术密集型，且中低端产品生产较多，从而导致产品竞争力低下，经济低迷。以阿根廷为例，在20世纪六七十年代实施进口替代战略后，并没有及时转变发展模式，而是一味地推进进口替代，即使在遭受石油危机后，仍然借债进口。

实践证明，传统需求管理的"三驾马车"已动力不足，当前中国仅仅依靠投资、消费和出口无法实现产业结构的转型和升级，只有通过供给侧结构性改革，从供给端入手，加快发展先进制造业，推动"两化融合"，在中高端消费、绿色低碳领域培育新的增长点，大力促进传统产业优化升级，促进产业迈向全球价值链中高端，才能促进产业结构转型，实现增长动能转换，成功跨越中等收入陷阱。

3.2.3 经济高效率发展需要优化资源配置

衡量一个国家生产能力的标准并不是单独比较劳动力供给量的多少、投资总额的多寡、技术水平的高低，而是看这些生产要素是以什么样的方式或者是以什么样的比例结合，即资源配置效率的高低在一定程度上决定了一个国家生产能力水平的高低。中国目前供给与需求存在严重的不对称，说明中国资源配置效率比较低，还未实现帕累托最优，可以提升的空间还很大。目前提高资源配置效率的有力措施就是供给侧结构性改革，比如通过供给侧结构调整让无效产能尽快退出市场，让社会资本向有更大需求的产业转移，让高效率的生产取代低效率的生产，让高附加值的产品出口取代低附加值产品的出口等，这样可以提高资源配置效率，从而提高中国整体的生产能力。

3.3 中国供给侧结构性改革的内涵

3.3.1 中国供给侧结构性改革的实质

中国供给侧结构性改革的实质可以从三个方面理解：供给侧、结构性、改革。

第一，供给侧。从国民经济运行的角度看，供给侧着眼于社会总产出和总供给方面，从产出和供给的角度研究如何满足需求的问题，既有供给的数量问题，更有供给的质量问题，既有从供给角度出发对供给和需求的数量匹配问题研究，更有供给和需求的结构匹配问题。从供给的形式看，既包括物质产品，也包括服务产品，既包括最终产品，也包括中间产品。从国民经济管理的角度看，供给侧是相对于需求侧而言的，是指劳动力、资本、土地等自然资源以及技术创新等生产要素的供给数量和供给结构。当前中国供给侧存在的主要问题是：一方面供给不足，有效的和中高端的供给无法满足需求；另一方面供给过剩，无效的和低端的供给充斥市场，挤占了资源和生产要素，无法达到全要素资源配置的帕累托最优。二者兼而有之，最终造成的是供给结构和供给体系与需求之间的矛盾。

第二，结构性。这是指导致中国经济循环不畅的重大结构失衡，是供给与需求不能高效率匹配的结构性矛盾问题。既有宏观结构问题，主要体现在产业结构、区域结构、投入结构、排放结构、经济增长动力结构、收入分配结构等方面，也有微观结构问题，比如区域内的具体产业结构、产业中的具体区域分布结构等。本书的研究重点关注了诸如钢铁煤炭等产能过剩行业产能结构、房地产产业库存结构、中国宏观税负结构、企业成本负担结构、中国宏观经济杠杆结构以及民生、基础设施建设、"三农"等领域供给无法满足需求的结构问题，问题的研究集中在结构性失衡和供需结构的矛盾等。

第三，改革。这是对原有的扭曲资源要素配置、束缚资源要素供给以及供给结构调整的体制机制进行革新，总体要求是要改革政府职能，发挥市场在资源配置中的决定性作用，着力解决人民日益增长的美好生活需要和不平衡不充分的发展之间的矛盾。当前的改革主要包括：一是去除低端和过剩产能，将资源更加高效地集中到高端供给上；二是去除房地产库存，既更好地保障居民住房需求，又防止房地产行业泡沫可能引发的金融危机；三是控制不同部门的杠杆率，提高政府宏观调控能力和作用，降低企业负担，减少金融风险；四是降低企业成本负担，激发企业活力，促进经济发展；五是增加民生领域、基础设施建设领域、"三农"领域的投入，更好地满足人民生活、经济建设、社会发展的基本需要。改革是途径、手段、理念和思维方法，以上任务和目标都需要通过改革实现。

因此，中国供给侧结构性改革就是运用马克思主义政治经济学原理，结合中国的具体实际，用改革的办法解决结构性矛盾问题，减少无效和低端供给，扩大有效和中高端供给，增强供给结构对需求变化的适应性和灵活性，提高全要素生产率，使供给体系更好地适应需求结构变化。其最终目的是满足需求，主攻方向是提高供给体系质量，根本途径是深化改革。中国供给侧结构性改革具有中国式的理论和实践创新。

3.3.2　中国供给侧结构性改革的最终目的是满足需求

新时代社会主要矛盾发生转化，人民日益增长的美好生活需要和不平衡不充分的发展之间形成矛盾。所以在改革进程中，需要深入研究市场需求变动，深入了解人民群众的美好生活需求，着力通过改革去除无效供给和低端供给，从供给端满足需求。

中国供给侧结构性改革能够在控制通货膨胀的基础之上推动经济增长，有效减少企业运作成本，从而创造有效需求增长，亦即在市场需求增长乏力的状况之下有效解决滞胀等问题，推动经济的高质量可持续性发展。中国供给侧结构性改革的最终目的是满足需求，扩大需求，保持稳定的经济增长。改革主要以实现供需平衡为目标，在改革过程中将供需管理政策进行合理配套，正确处理经济的短期波动和长期增长之间的关系，优化升级相关产业结构，达到经济增长向高质量的转变，使我国经济发展具有一定的可持续性。

3.3.3　中国供给侧结构性改革的主攻方向是提高供给质量

供给侧结构性改革是中国建设社会主义现代化经济体系的主要路线，对于社会主义现代化经济体系在创新动力构建、结构性改造和升级以及体制完善等都具有举足轻重的意义，能够有效推动经济的高质量运行。

一方面，中国供给侧结构性改革将提升实体经济的供给质量效率作为主要方向，也就是中国供给侧结构性改革的深化能够使生产要素和产业结构向现代化水平和高精端方向迈进，从而实现区域及城乡之间结构的互相平衡，构建由实体经济、技术创新以及金融、人力协同发展的链条化产业体系。当前推动中国供给侧结构性改革要把握三方面：一是将全面提升产品和服务的质量作为提高供给质量效率的中心任务；二是将快速转化增长动力，提高以制造业为主的相关产业水平作为提高供给质量效率的主要战场；三是将强化基础设施网络建设以及基础体系支撑作为提高供给质量效率的基本条件。

另一方面，对于提高创新能力和核心竞争力来说，有效的市场机制、有活力的微观市场主体、适度的宏观调控体系和开放的市场格局是至关重要的。鉴于此，供给侧结构性改革的政策核心就是对创新能力和核心竞争力的提升，从而促进中国加快建设成为创新型国家，同时对中国对外开放新格局以及社会主义市场经济体制机制的完善也提出了更高的要求。

3.3.4 中国供给侧结构性改革的根本途径是深化改革

深化改革要完善市场体制机制建设，包括深化行政管理体制改革和价格机制改革，从而打破垄断，使得要素市场更加健全、微观经济主体内生动力更加强大，劳动生产率得以提高。

深化改革的进程当中，制度创新是发展的最根本动力，更是有效的激励机制。同时，体制改革则是促进发展的动力源泉。显而易见，一定的制度安排就会带来相应的动力，亦即动力机制与制度安排是保持一致的。原有的动力所发挥的促进作用出现退化或减弱的趋势，说明动力已经不足，需要新的动力源来补充。由此可见，中国多年来经济下行压力一直增大，经济增速也处于下滑的趋势，其主要原因在于原有动力已经减弱，而创新动力、提升供给质量效率等都能够成为转换原有动力的主要力量。目前，中国正处于动力转化的关键时期，能否全面实现转化的重点在于供给侧结构性改革的有效推进。

改革的有效推进应从产业、要素和制度三个方面入手，通过产业结构上的转型升级、要素的合理配置以及制度的深入创新，达到调整中国经济结构、实现可持续平衡发展的目的。然而，很多计划经济体制的弊端在一些重要领域依然在干预着改革的进程。比如城建系统中一直存在的容积率控制、服务业限制民营资本进入以及利率管制、行政垄断等，所有相关领域的不合理管制，都影响了市场需求的自我调节，妨碍了有效供给的增加，同时又形成了寻租、腐败等问题。中国的结构性和体制性矛盾主要产生于供给侧,所以供给侧结构性改革即为供给体制的改革深化,逐步剔除历史留存的计划经济体制,构建健全的社会主义市场经济体制,推动中国经济快速进入转型升级阶段。理解结构性改革的含义主要包括两点:一是对明确具有结构性问题或具有体制缺陷的体制机制进行改革;二是并非将旧制度推翻重新构建,而是在旧制度的基础之上,找出将导致严重经济问题或危机的制度性缺陷加以修订,这是一个制度完善的过程,是对制度结构的升级和优化。综上所述,结构性改革是重要或关键性的改革。

3.4 中国供给侧结构性改革与经济高质量发展关系

中国供给侧结构性改革与经济高质量发展关系的理论论证可以利用总需求—总供给模型,通过"结构性供需矛盾"模型进行分析。

一般理论上而言,总需求(AD)即为经济社会对所有产品以及劳务所需求的总量,用产出水平进行表示,由消费、投资、政府以及国外四项需求共同组成。如果国外需求不在考虑的范围之内,那么总需求则为在收入、价格以及相关经济变量一定的假定条件下,家庭、企业以及政府所有要支出的总量。所以,总需求计算的是经济行为中各个行为主体的支出总量。据此,总需求曲线即为用国民收入来表示的需求总量和价格水平二者间的关系,说明在某既定价格下,经济社会需要的产量水平是多少。总供给(AS)则是经济社会所投入的各种资源带来的总产量。总供给曲线即为国民收入所表示的总产量与价格水平二者间的关系,说明在某既定价格下,经济社会能够产出的产量是多少。

在图 3-2 中,横轴 Y 代表产量,纵轴 P 代表价格水平,该图表明当总需求曲线 AD 和总供给曲线 AS_0 相交于 E_0 点时,产量处于均衡的水平 Y_0,价格

为 P_0，此时经济处于稳定状态。这种 Y_0 水平的稳定状态，其实有一个基本的隐含条件：总供给结构与总需求结构是一致的。如果总结构与总需求结构不一致，就会导致总供给中有一部分是无效供给，而总需求结构中也有一部分没有办法得到满足，这就会出现总供给过剩和总需求抑制同时并存，不妨称为"结构性供需矛盾"。如图 3-2 所示，AS_1 为有效供给曲线，与总需求曲线 AD 相交于 Y_1，此时经济社会实际的供给总量为 Y_0，有效的供给总量为 Y_1，其中，Y_1-Y_0 这部分为无效结构性供给，当然也可以称为短缺结构性需求。

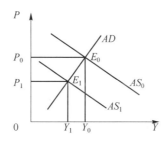

图 3-2 供给侧结构性改革中的结构性供需矛盾

"结构性供需矛盾"不能通过需求侧来解决，也不能通过一般的供给侧来解决，需要通过供给侧结构性改革来解决。因为压制需求会出现 Y_1-Y_0 的供给浪费，通过进口满足总需求，仍然会出现 Y_1-Y_0 的供给浪费。唯一解决之策就在于将生产 Y_1-Y_0 这部分产品的资源进行结构性转移，用其生产满足相应结构性需求的产品，从而实现"变废为宝"，把无效供给转为有效供给，实现总需求和总供给在 Y_1 下的新的均衡。这样，经济发展将会由低质量发展向高质量发展转变。

第4章 中国供给侧结构性改革的演进与现状分析

4.1 中国经济宏观调控的历史演进

国民经济管理的一项重要内容就是对国民经济系统运行进行宏观调控。自1949年以来,随着对经济发展模式的不断探索,中国宏观调控的目标、理念、手段和方式也不断丰富,更加科学,经济社会发展的不同阶段实施了不同的宏观调控政策。对经济宏观管理的历史回顾将有助于更加清晰地认识和把握需求侧管理和供给侧管理的实践,通过经验的总结更加科学地推进供给侧结构性改革。

4.1.1　计划经济时期的宏观调控

第一阶段（1949—1952年），中国国民经济逐渐恢复，中国政府建立了与当时社会生产力水平相适应的新民主主义经济体制，开始了计划管理体制的探索。这一时期的计划管理主要是对国民经济的宏观计划管理，国家通过统一财政收支、加强金融管理、管制对外贸易、调控产品供求等重大措施，基本实现了财政收支平衡、金融信贷平衡、外贸进出口平衡和重要产品的供求平衡。

在需求侧管理方面，通过扩大加工订货、大量收购土产、扩大城乡交流、增发私营工商业信贷资金等措施，有效地刺激和扩大了社会需求；通过紧缩银根、统一财政收支、发行公债、征收工商税滞纳金等手段，控制了因通货膨胀引起的过旺市场需求，稳定了物价。在供给侧管理方面，通过工作会议、行政手段限制火柴、油脂、卷烟等产品的产量，对产能过剩的商品发布指导性生产信息，指导私营工商业避免盲目投资生产，同时对供不应求的部分工业原料通过增加进口等手段保障供应。

第二阶段（1953—1956年），政府集中性统制。1952年年底，中共中央制定了过渡时期总路线，计划经济思想进一步确立，政府占有生产资料和配置经济资源、主动干预经济的思想不断得到强化。特别是到1956年，社会主义改造基本完成，计划经济体制基本形成，政府形成对经济的全面干预，表现在国家统配和中央部管物资品种数量由1953年的227种上升到1956年的385种，国家计委统一下达计划的产品由110种上升到300多种，1956年生产领域市场机制起主导作用的比重下降到3.6%，批发领域下降到3.5%，零售业领域下降到17.5%，计划机制成为绝对的资源配置手段。

第三阶段（1957—1978年），延续并强化传统计划经济体制，行政指令性特征发展到了极致，市场化的手段作用进一步被压缩，政府通过行政指令性计划全面垄断了社会经济生活。以定价为例，到1978年，农产品出售总额、工业品销售总额中国家定价部分分别占94.4%和97.5%，资本、土地、劳动力等要素市场化程度几乎为零。

1.2 计划经济向市场经济过渡时期的宏观调控

第四阶段（1979—1985年），实施计划与行政手段的宏观管理。这一时期由于中国刚刚经历"文化大革命"，经济社会基础较薄弱，生产力水平相对落后于需求，社会商品总体上供给满足不了需求，经济管理的手段还主要是行政性的财政和货币政策，如停止了长期亏损的国有企业的银行贷款和财政补贴，关停并转了一批落后的中小企业等。这一时期经济调控和管理的政策手段比较单一，缺乏连续性，调整频繁，缺乏稳定性。

第五阶段（1985—1992年），逐渐采用财政和货币政策工具进行宏观调控。从1985年开始，为了平衡信贷，降低通货膨胀，国家开始采取严厉的紧缩性财政政策和货币政策，并实施财政与金融体制改革。这一时期也是中国宏观经济管理方式由直接的行政和计划干预转向运用宏观经济政策实施间接调控的重要尝试阶段。

1.3 社会主义市场经济体制下的宏观调控

第六阶段（1992—1997年），实施社会主义市场经济体制下的宏观管理。这一时期由于经济过热，导致了通货膨胀的发生，经济调控和管理政策综合运用了行政、经济和法律的手段，具有了一定的稳定性和连续性。1992年后中国为了促进市场经济的发展，颁布了许多新政策，各地政府在新政策的引导下进行了大量投资，在一些领域积聚了过多的资本，导致重复生产，生产过剩。20世纪末，泰国的货币大幅度贬值，进而引发了整个亚洲范围内的金融危机，这场金融危机使得新加坡、韩国、中国台湾的经济受到沉重打击，中国内地的经济也受到了不小的影响。因为国际经济形势比较严峻，中国对外出口的环境恶化，外部需求减少，对外贸易额急剧下降，企业的盈利能力下降，很多依赖对外出口的企业濒临破产。因为中国市场机制还不够完善，很多政府投资的企业不能及时退出市场，使得生产过剩的情况一直存在。为了转变这种局面，中国进行了国有企业改革。国有经济逐渐从一般加工制造业、产品零售和快餐饮品等下游行业退出，并集聚到关乎国家经济命脉的重要产业。国有企业的退出为民营经济提供了空间，市场上的微观经济主体能够依照市场机制参与竞争，激发了市场的活力。对于国有企业来说，淘汰了过剩产能，企业实现转亏为盈。

第七阶段（1998—2003 年），通过积极或稳健的财政政策与货币政策实施宏观管理。自 1998 年以来，中国宏观经济管理主要采取需求侧管理的政策手段，2003 年以前采用积极的财政政策和稳健的货币政策。

第八阶段（2003—2007 年），采取财政政策和货币政策双稳健的政策组合方式实施宏观调控。这是一次中性的调控，目的在于控制通货膨胀，抑制部分行业的投资过热。

4.1.4 后危机时代的宏观调控

第九阶段（2008—2015 年），应对 2008 年世界金融危机实施"四万亿"的经济刺激计划。2008 年世界金融危机对中国经济产生了不小的影响，东部沿海地区一些主要依靠国外订单经营的企业因为国际经济恶化订单量锐减而大量倒闭，企业生产的产品大量囤积，产能过剩情况严重。而且由此引起了工人失业率的大幅度上升，中国经济增速迅速回落，社会不稳定因素增加。为了避免经济出现硬着陆，中国实施了"四万亿"的经济刺激计划。通过加大基础设施建设的投资力度吸收钢铁、水泥等行业的过剩产能，通过一些针对消费者的消费补贴扩大内需，比如在 2008 年颁布的家电下乡政策，实现了外需不足，内需拉动。这些政策的实施使得中国的内部需求增加，过剩产能被吸收掉了一部分，同样也避免了中国经济的大幅度下滑。

从宏观管理的政策手段上看，以往中国采用的大多是需求管理的政策手段。在取得巨大成就的背后所造成的问题也越来越明显，如物价水平在不断上升、劳动力的价格提高、出口乏力、"中等收入陷阱"风险累积等。国际经济环境发生了深刻的变化，中国的经济发展到了一个新阶段，要解决经济中出现的问题，进行供给侧结构性改革是非常必要的。实施供给侧结构性改革可以使得供给侧的机制得到优化，环境得到改善，进而优化供给结构，促进中国经济长期稳定发展。

4.1.5 新时代的宏观调控

第十阶段（2015年以后），经济新常态下实施供给侧结构性改革。目前，中国的经济进入了新常态，经济增长的方式发生了重大变化，经济由高速增长转为中高速增长，仅靠生产要素推动经济增长已经不可持续，创新对于经济增长的驱动作用越来越大，通过科技创新来转变以前粗放型的经济增长方式，提高供给产品质量，优化供给产品组合，进而优化供给侧结构，促进经济增长。

纵观中国自1949年以来宏观调控的历史演进可以看出：第一，中国的经济体制逐渐由计划经济体制向市场经济体制转变，宏观调控手段的市场化操作不断增强，政府和市场的作用交替发挥；第二，每个阶段宏观调控手段的实施都源于解决实际经济社会问题的需要，调控手段的实施都是来源于实践的、以问题为导向的具体解决策略；第三，实施侧重于供给侧还是需求侧的管理主要取决于经济社会问题，当前实施供给侧结构性改革，完全是基于中国经济社会发展的需要。

4.2 中国供给侧结构性改革的现状分析

4.2.1 总体实施情况

4.2.1.1 探索认识不断深化

第一阶段，供给侧结构性改革的提出。2015年11月10日，习近平在中央财经领导小组第十一次会议上首次提出"供给侧改革"；同年11月11日，国务院常务会议提出要以消费升级促进产业升级，培育形成新供给新动力扩大内需；同年11月17日，在"十三五"规划的编制工作上，李克强强调要在供给侧和需求侧两端发力促进产业迈向中高端；同年11月18日，习近平在APEC会议上再次提及"供给侧改革"。同一个月内中央四次提及供给侧改革，供给侧结构性改革呼之欲出。

2015年12月18日—21日，中央经济工作会议分析了国内国际经济形势，正式提出供给侧结构性改革，确定了要在适度扩大总需求的同时着力加强供给侧结构性改革的总基调，强调供给侧结构性改革是适应和引领经济发展新常态的重大创新，是适应国际金融危机发生后综合国力竞争新形势的主动选择，是适应中国经济发展新常态的必然要求，明确推进供给侧结构性改革要做到"宏观经济要稳、产业政策要准、微观政策要活、改革政策要实、社会政策要托底"。

第二阶段，供给侧结构性改革的推进与内涵提升。2016年1月26日，中央财经领导小组第十二次会议研究了供给侧结构性改革方案。会议明确了供给侧结构性改革的根本目的是提高社会生产力水平，重点和根本任务是

"去产能、去库存、去杠杆、降成本、补短板";同年"十三五"规划提出,要以"提高发展质量和效益为中心,以供给侧结构性改革为主线,扩大有效供给,满足有效需求"。

至此,供给侧结构性改革由"着力推进"成为"主线"。2016年12月14日—16日中央经济工作会议指出,要以推进供给侧结构性改革为主线,把2017年作为改革的深化之年。会议明确了供给侧结构性改革的最终目的、主攻方向和根本途径,供给侧结构性改革的内涵更加丰富,思路更加清晰。十九大报告将深化供给侧结构性改革摆在"贯彻新理念,建设现代化经济体系"的首要位置,强调在中国经济高质量发展阶段要以供给侧结构性改革为主线,推动经济发展质量变革、效率变革、动力变革。中国供给侧结构性改革成为推动经济高质量发展、建设现代化经济体系的重要举措。

4.2.1.2 各级政府不断推动

各部委出台实施意见,如国家发展改革委员会2017年3月出台《关于深入推进农业供给侧结构性改革的实施意见》,落实中央经济工作会议和中央1号文件精神,着力推进农业供给侧结构性改革;各省积极响应中央和部委要求,如辽宁省将供给侧结构性改革作为实现老工业基地全面振兴的重要抓手,力求通过供给侧结构性改革,重塑老工业基地经济新格局,辽宁省的供给侧结构性改革已经细分到每个行业,深入每个领域,形成纵横相间的"1+N"改革方案;各市县进一步落实改革要求,如2016年4月广州市出台《供给侧结构性改革总体方案(2016—2018年)》及"三去一降一补"5个行动计划。供给侧结构性改革真正成为各行各业、各级政府发展经济、推进改革的重要举措。

4.2.1.3 总体效果不断显现

第一,从宏观效果看,"四降一升"的经济运行问题有明显改善,经济企稳回升。

2015—2017 年，GDP 增速连续 9 个季度稳定在 6.7%~6.9% 的合理区间，经济持续下行趋势得到遏制，如图 4-1 所示。

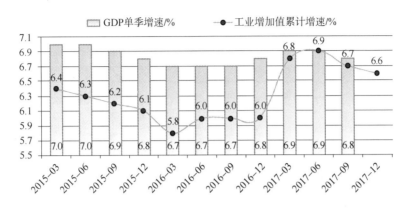

资料来源：根据国家统计局历年《中国统计年鉴》整理

图 4-1　2015—2017 年规模以上工业增加值累计增速和 GDP 单季增速

工业企业利润增速加快，工业经济不断恢复，实体经济加快振兴。特别是 2017 年 1—10 月，工业企业主营业务利润率不断增加，10 月份达 6.24%，同比 2015 年提高近 0.5 个百分点。2015—2017 年，工业企业主营业务成本与利润增长由正负背离转向走势一致，2017 年企业利润增速明显高于成本增速，如图 4-2 所示。

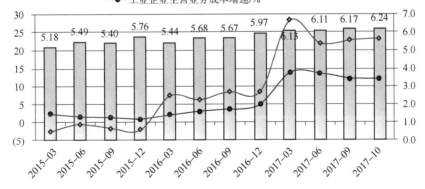

资料来源：根据国家统计局历年《中国统计年鉴》整理

图 4-2　工业企业成本增速与利润增速比较

市场供需关系得到改善，CPI略有上涨，在2%左右小幅波动，PPI自2016年9月由负转正，工业结束了持续54个月的结构性通缩，CPI与PPI同向变化，如图4-3所示。

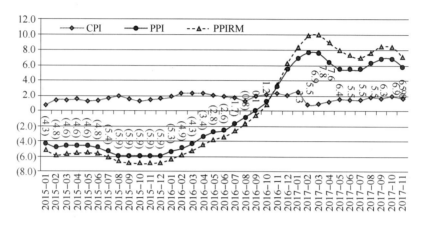

资料来源：根据国家统计局历年《中国统计年鉴》整理

图4-3 2015—2017年月度CPI、PPI和PPIRM的涨幅

金融风险发生概率下降。2017年11月末，社会融资规模总额达18.2万亿元，高于2015年同期4.7万亿元；广义货币（M2）余额与狭义货币（M1）余额分别增长9.1%和12.7%，M1和M2"剪刀差"收窄，金融服务实体经济效能提高，市场流动性更趋活化，守住了不发生系统性金融风险的底线。

第二，从中观效果看，新旧动能开始转换，经济结构不断优化。

一是中高端产业稳步提升。如图4-4所示，2016年高技术制造业和装备制造业的增加值占规模以上工业增加值的比重分别为12.4%、32.9%，同比2015年分别提高0.6%和1.1%；2017年1—11月，装备制造业和高技术产业的增加值同比分别增长11.4%和13.5%，比规模以上工业增加值的增速分别高出5.3和7.4个百分点。创新驱动发展战略和"中国制造2025"战略成效明显。

二是产业结构不断优化。分享经济、数字经济等新兴产业广泛渗透，大数据、大健康、大旅游等新兴服务业发展迅猛，现代物流、信息、商务等生

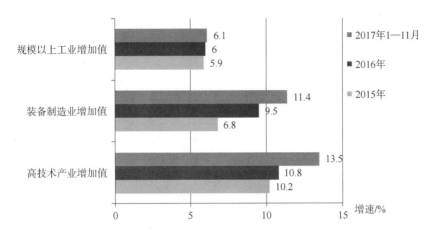

资料来源：根据国家统计局历年《中国统计年鉴》整理

图4-4 高技术产业增加值、装备制造业增加值与规模以上工业增加值的增速比较

产服务业依然强劲，多元化的产业格局不断优化。如图4-5所示，三次产业结构比例由2015年的8.8∶40.9∶50.2调整为2017年三季度的6.9∶40.1∶52.9，服务业对经济增长贡献率达到58.8%，在GDP中的占比进一步提高。

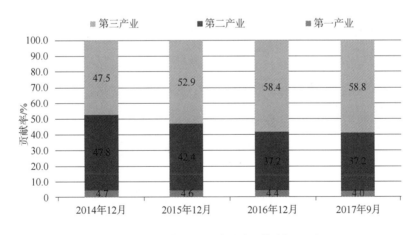

资料来源：根据国家统计局历年《中国统计年鉴》整理

图4-5 三次产业对经济增长的贡献率

第三，从微观效果看，市场主体活力进一步释放，市场信心有所提升。随着"放管服"改革的推进，工商登记制度改革后企业设立更加便

利化，双创力度加大，国内市场准入环境优化，新兴企业主体不断增加，市场主体大量涌现，经济持续增长的微观基础更加牢固。2016年和2017年前三季度，全国新登记市场主体分别比上年同期增长11.6%和16.7%，日均新登记企业分别比上年同期增长24.5%和12.5%，如图4-6所示。

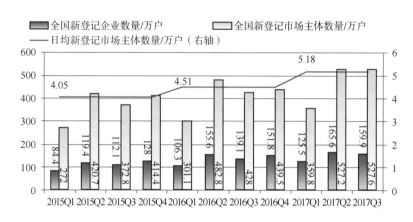

资料来源：根据国家统计局历年《中国统计年鉴》整理

图4-6　全国新登记市场主体和新登记企业数量变化

4.2.2 具体任务的实施情况

第一，去产能情况。各地加大去化落后低端产能，截至2017年10月底，钢铁、煤炭超额完成目标任务，去产能分别完成1.2亿吨和4.4亿吨，1.4亿吨"地条钢"产能完成出清；化学原料及化学制品制造业、非金属矿物制品业增加值比2015年回落5.6%和2.3%。2017年9月，全国工业产能利用率为76.8%，达近五年来最高水平，如图4-7所示。

第二，去库存情况。截至2017年10月，全国商品房待售面积同比下降13.3%，与2015年年底相比总体库存总量减少1.2亿平方米，达到近三年的最低水平，全国房地产库存持续减少，如图4-8所示。

第4章　中国供给侧结构性改革的演进与现状分析

资料来源：根据国家统计局历年《中国统计年鉴》整理

图 4-7　钢铁、煤炭的累计产量及工业产能利用率

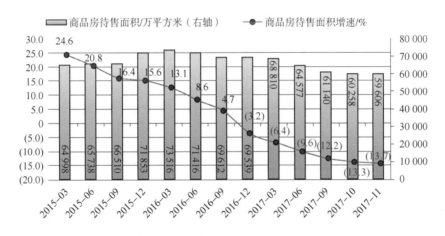

资料来源：根据国家统计局历年《中国统计年鉴》整理

图 4-8　商品房待售面积及其增速

第三，降成本情况。通过"放管服"改革、"营改增"政策、行政事业性收费清理、减半征收企业所得税优惠、下调用电价格等措施，2015—2017 年政府为企业直接减负 2 万亿元以上。2017 年 10 月，全国规模以上工业企业每百元主营业务收入中的成本为 85.56 元，较 2015 年同期降低 0.53 元。

第四，去杠杆情况。通过债务结构优化、债务增量控制、市场化法治化债转股推进，居民、企业和政府三部门负债约束得到强化，总杠杆率上升速度放缓，企业杠杆率趋于下降。国际清算银行（BIS）数据显示，2016年年末全国总体杠杆率为257%，增速连续下降三个季度；"信贷缺口"降至24.6%，连续下降三个季度，潜在债务压力趋于减轻。2017年10月末，规模以上工业企业资产负债率为55.7%，较2015年同期下降1.1%。

第五，补短板情况。2015—2017年，基础设施、脱贫攻坚、民生建设、生态环保、公共服务等领域的投入力度加大。如图4-9所示，2017年1—10月，农业，交通运输、仓储和邮政业，水利、环境和公共设施管理业的投资增速分别高于全部固定资产投资增速10.3个百分点、7.7个百分点和15.2个百分点，重点领域投资保持快速增长，一些长期存在的短板问题得到明显改善。

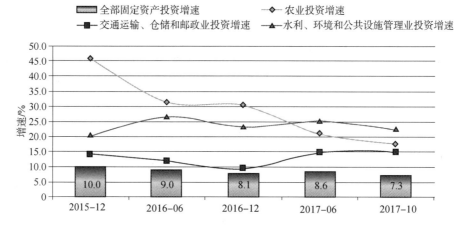

资料来源：根据国家统计局历年《中国统计年鉴》整理

图4-9 补短板相关领域投资增速与全部固定资产投资增速比较

综上可以看出，2015—2017年，无论从总体上评价还是从具体任务上评价，中国供给侧结构性改革解放和发展了社会生产力，增强了供给结构对需求变化的适应性和灵活性，释放了经济发展活力、动力和潜力，取得了一定的成效。

第5章
中国供给侧结构性改革的路径选择

5.1 供求均衡制约下的中国供给侧结构性改革

5.1.1 需求侧"三驾马车"拉动经济增长动力不足

自1978年以来,中国经济发展取得了令世界惊叹的速度,国民生产总值的增长率在大多数年份都是8%以上。在2012年之前,中国连续3年GDP增速在8%之下的只有两次:一次是在1978年之后的3年,因为中国刚开始改革开放,经济发展还没有步入正轨,所以GDP的增速稍低;另一次是在1997—1999年,亚洲金融危机的爆发对中国造成了不小的影响,经济增速放缓。与这些暂时性的、短期的下降不同，2012年之后中国的GDP增速出现了较长时间的放缓，2012年全国GDP增速是7.7%、2013年的GDP增速也是7.7%，2014年GDP增速甚至下降了0.3个百分点，2015年GDP增速是6.9%，2016年继续下降了0.2个百分点，全国经济增速已经连续五年下降，这说明这次经济增速的放缓不是暂时性的，中国经济增长的动力出现了问题。改革开放40年间，中国经济发展的动力是"三驾马车"，也就是通常所说的投资、消费和出口。投资方面，中国政府部门的投资力度很大，国家出台了一系列吸引外资的政策，大量外资涌入中国，所以投资对中国经济增长的推动作用很大。在消费方面，中国的传统美德提倡勤俭持家，所以居民的储蓄率很高，消费不足；消费对于经济有一定的推动作用，但是因为总的消费需求比较低，所以消费在整个国民生产总值中所占的比重较小。在出口方面，每年都会有大量的贸易顺差，积累了大量的外汇储备。在投资、出口的带动下，中国经济进入了高速发展的快车道。但是经济增速已经连续5年下降，说明"三驾马车"动力已经不足。下面从三个方面对"三驾马车"动力不足的原因进行分析。

第一，有效投资下降。在中国出台一系列政策引进外资之后，在中国投资的外资企业越来越多，这里面既有一些优质企业，同样也存在一些高污染的企业，这些高污染的企业通常是发达国家为了避免自己国家的环境受到破坏而转移到中国的。改革开放之初，中国为了发展经济，允许这些高污染的外资企业在中国生产，但是近40年的发展，这些企业对于中国生态环境的破坏已经超过了大自然能够承受的范围。随着中国经济发展水平的提高，居民的环保意识提高，国家开始对二氧化碳的排放、污水的排放进行治理，对于高污染的企业进行了严格的管控，如果不能达到环保标准，就一律关闭，企业面临很高的环境保护成本，再加上中国劳动力的价格提高，外资企业在中国盈利能力下降，许多外资纷纷离开中国，向泰国、越南这些对环境保护要求不那么严格且人力成本低的国家转移，所以来中国进行投资的外商肯定会减少。对于国内的投资者来说，同样要受到环境治理成本和劳动力成本的双重压力，外加一些投资回报率比较高的行业投资已经饱和，所以在市场上好的投资机会越来越少，很多资金会离开实体经济转向虚拟经济，这对中国经济的发展非常不利。

第二，消费增长缓慢且缺乏动力。把居民分为低收入、中等收入、高收入三种来进行分析：对于低收入家庭来说，由于中国养老体制不健全、居民收入水平跟不上经济增长的水平等一些原因，低收入家庭的购买能力一直都不强；对于中等收入家庭来说，他们对于汽车、家电这些商品的购买需求已经趋向饱和，所以中等收入家庭的消费需求在短时间内不会有很大的变化；对于高收入家庭来说，他们对于奢侈品的消费需求增加，他们愿意并且有能力购买高端产品，但是因为目前中国的高端产品市场发展得并不成熟，所以高收入家庭专注消费外国生产的商品。由以上分析可知，短时间内，依靠消费促进中国经济增长缺乏动力。

第三，国际市场上对中国生产的产品需求下降。2012年世界金融危机之后，西方发达国家因为在此次危机中受到重创，其国内经济增速下行，大量工人失业，所以这些国家的居民对于中国商品需求也大量减少。而且这些国家为了发展本国经济，期望中国能够提高汇率，这样更有利于对中国的出口，一些发展中国家同样认为是中国的低汇率造成了他们在国际市场的发展空间很有限。所以，在这样的情形下，中国在出口方面很难实现很大的增长。

5.1.2 需求侧管理引发结构性问题

受凯恩斯主义的影响，中国长期采用以需求侧管理为主的经济管理方式，尽管实现了三十几年的经济高速发展，但也积累了不少结构性问题。

第一,产能过剩问题。从1949年到1978年,中国实行的是计划经济,经济发展水平较低,市场上通常是供给不足的状态。1978年之后,得益于改革开放,中国经济得到快速发展,供给不足的现象成为过去,1998年产能过剩的问题首次进入了大众视野,产能过剩问题自此成为中国经济发展过程中存在的比较严重的问题。这个问题在整个宏观经济不景气的时候显得尤为突出,如在1997年,亚洲爆发金融危机,中国出现了通货紧缩,产能过剩情况显著;2008年世界金融危机爆发,因为整个经济环境恶化,总需求下降,中国的产能过剩问题也很严重。为了避免经济出现硬着陆,中国实施了"四万亿"的经济刺激计划,加大基础设施建设的投资力度,吸收钢铁、水泥等行业的过剩产能,扩大内需,但是这些政策只能治标不能治本,这些增加投资的政策、财政补贴政策只能在政策实施的这段时间有效,一旦没有了这些政策,产能过剩的问题就又会出现。原因很明显,就是那些产能过剩行业的企业因为政府层面的干预不能退出市场,造成这些产业产能过剩的现象一直存在。经济新常态下,产能过剩问题已经严重影响了我国经济的发展。

第二,通货膨胀问题。凯恩斯认为经济中普遍存在着有效需求不足,国家经济调控部门可以通过宽松的财政政策或宽松的货币政策来扩大总需求。宽松的财政政策主要有增加政府投资、增加政府购买、降低税费等,宽松的货币政策主要是由中央银行实行,主要是通过增加货币投放量、降低银行贷款利率等。中国在1978年之后采用的就是宽松的货币政策和宽松的财政政策。虽然这两种政策都可以达到增加总需求的目的,但是两者对经济的作用效果却是完全不同。宽松的财政政策简单来说就是让政府在支出方面增加一些,在收入方面减少一些,政府这么做,在短期内可以达到好的刺激经济的效果,但要是长期实施宽松的财政政策就会出现严重的财政赤字。对国家来说,财政赤字就像一种负债,政府背负大量的债务对于整个经济的发展将会有不良的影响,因为政府为了缩小财政赤字会发行大量的货币，紧接着会造成货币贬值、物价上升，通货膨胀率上升。美国在20世纪发生的严重通货膨胀就是长期实施宽松的财政政策所导致的。宽松的货币政策因为货币供给量的增多也会造成通货膨胀。中国1991—1994年的通货膨胀率在13%左右，根据对通货膨胀的分类，这已经算是飞奔的通货膨胀，中国之所以通货膨胀率这么高，是因为中国一直以来进行需求侧的经济管理。如果继续使用需求管理的调控政策，高的通货膨胀率将还会继续。

第三，寻租问题。不管国家是采取财政政策对经济进行管理还是采取货币政策对经济进行管理，要想达到刺激经济增长作用，都必须经过一个比较长的传导过程。政府部门在整个传导过程中发挥着非常重要的作用，比如一些高新技术产业的发展不仅需要政府的政策支持还需要政府给予一些补助。但是当政府在整个政策实行的过程中掌握了一部分权力，能通过行政手段干预企业的生产经营问题的时候，就会发生"权力寻租"的现象。当政府的一些部门拥有了一些权力，这种权力决定着企业的生存与发展，而且这种权力在实施过程中透明度低，那么这种力寻租的现象就会一直存在。比如，一些高污染、低效率企业通过权力寻租能够继续生产，一些地方政府为了政绩让一些"僵尸企业"继续生产，然后让财政买单，等等。这些导致了资源的严重浪费、资源配置的严重扭曲。

5.1.3 需求侧管理与供给侧管理作用失衡

需求侧管理在宏观经济学上又被称为"稳定化政策"。在经济形势低迷的时候，采取扩张的财政政策和货币政策来促进总需求增加，以求达到国民收入增长的目的；当经济出现过于高涨、出现经济泡沫的时候，采取紧缩性的财政政策和货币政策，防止经济过度发展出现大量过剩产能，最终导致经济发展出现停滞。供给侧管理是从供给侧出发，认为供给会带来需求，也就是说，如果整个社会的生产能力增加，总供给增加，市场在自我调节下达到了均衡状态，国民收入自然而然就增加了。因此利用财政政策、货币政策刺激总需求完全是多此一举。供给侧的管理目的是提高各种生产要素的生产效率。要达到这一目的的手段和措施很多，比如政府把一些权力下放给企业，降低权力寻租的可能性，使资源能够合理配置，避免出现资源浪费；进行农地制度改革，加快农地经营权流转制度的建设，完善相关的法律法规，这样能够加快农地经营权的流转，实现规模化经营，实现农业现代化生产等。

需求侧管理能逆经济周期对宏观经济进行调控，但是通过供给侧很难逆经济周期对经济进行调整。比如常见的供给侧管理工具，如政府放松管理、简政放权、进行金融改革、对供给侧结构进行改革、减少税收等，这些措施里面只有减少税收能在经济低迷的时候实现逆经济周期的调节。当一国经济下行的时候，如该国经济中存在着供给侧结构性的障碍，比如，政府在资源配置过程中起到了很大的作用、市场在经济中不能发挥主导作用、政府对于微观主体生产经营干预过多等问题存在时，政府可以针对这些结构性问题进行供给侧方面的改革，减少政府的行政干预，完善市场经济运行机制等，这样可以让微观经济主体在经济运行中更有积极性和主动性，从而推动经济向上发展。但是如果国家的经济发展过于高涨，经济中的泡沫越来越大，供给侧是没办法进行管理的，因为供给侧管理强调的就是让市场中的有效供给带来有效需求，政府不干预产品的供给和需求。如果在经济过热时加强政府干预，这样市场机制的正常运行将会遭到破坏，这样做是不可取的。目前中国经济正处于下行趋势，而且政府在资源配置中还有很大的权利，市场机制在运行过程中存在不少的问题，此时进行供给侧结构性改革可以激发市场活力，促进经济增长。

现阶段中国经济发展中出现了不少问题，比较突出的问题还是在供给侧。目前产品供给结构处于扭曲的状态，总体来说，在产品市场上大量无效供给一直存在，不能退出市场，有效产能供给又不足。需求管理解决不了目前供给侧出现的问题。从某种程度来说，供给侧之所以出现结构性失衡，也是因为中国改革开放40多年来一直对经济进行需求管理。政府对经济进行需求管理必然会对市场经济进行不同程度的干预，很多地方政府为了当地经济发展进行了大量的投资，政府投资通常集中在能源产业，现在能源产业出现了比较严重的产能过剩问题，但是因为这些企业都是当地政府投资的，所以即使这些企业不能赢利，政府也会通过财政支持让这些企业维持经营。所以这些无效的产能一直存在于中国的经济发展之中。要想解决产能过剩的问题，必须进行结构性改革。通过加强供给侧改革，适度放松政府对经济的管制、监控，让一些低效率、高污染的企业顺利地退出市场，这样无效产能才能从中国经济中消失。政府简政放权同样能使企业的成本降低，企业投资生产的积极性就会提高，经济发展就会更有动力。同时能够满足消费者需求的有效供给不足，即便企业能够提供一些满足消费者需求的产品和服务，但是一旦这些企业开展的业务触碰到某些政府部门的既得利益，政府部门很可能以进行经济管理为由出台一些管理条例来约束这些企业的发展，在这样的情况下，企业对产品的供给就会减少，有效供给就会不足。

5.1.4 着力在供给侧发力促进经济增长

促进经济增长、实施宏观经济总量调控，可以从需求侧和供给侧两个方面来进行。需求侧管理这个说法来源于凯恩斯主义的思想，即通过调控宏观经济中的需求来达到促进经济增长的目的。比较常见的需求侧的经济政策是财政政策和货币政策。通过增加政府购买、增加政府投资、减少税收扩大总需求，通过增加货币供给、降低市场利率来扩大私人投资，这些需求侧的宏观调控手段在短时期内确实能够实现经济的增长，但是长期使用这些措施，就会出现问题，比如美国在20世纪80年代出现的经济衰退并伴随着高的通货膨胀率，就是长期进行需求侧总量调控造成的。

凯恩斯主义提到的需求是与总供给相匹配的总需求，说的是当在经济中的总供给和总需求处于均衡状态时的有效需求，在这个基础上，提出了通过增加有效需求来促进经济增长的理论。中国根据凯恩斯主义理论提出了以"三驾马车"作为发展动力的发展方式，"三驾马车"中所强调的需求分别为国外的产品需求、国内的消费者需求、投资需求。在只有政府、企业、消费者的三部门结构中，凯恩斯主义的经济理论认为在一定时间内，决定一国总供给的生产函数是不变的，一国的总供给取决于该国的劳动力供给数量和资本供给数量。而一国的有效需求总是不足的，随着居民收入的增多，他们的边际消费倾向会越来越低，这就造成消费需求不足；投资的边际收益率随着投资数量的增多也会下降，这就导致了投资需求的不足。在供给一定的情况下，因为需求的不足就会使一部分产品变成存货留存下来，如果这种情况持续，企业因为不能实现利润就会大量裁员，从而导致失业率上升和经济下滑。在四部门分析中加入了净出口对一国国民收入的影响，净出口的数量与一国在国际市场上的汇率有着反向变动的关系，一国的汇率越高，其产品在国际市场上的价格就越高，该国产品的出口数量就会下降，相比之下，外国产品的价格就会降低，该国对外国产品的需求数量就会上升，该国的净出口就会下降，该国的国民收入也会下降。这其实也是从需求一侧对经济运行进行分析。后来形成了目前经济分析中比较常见的 AD-AS 模型，这个模型也是从有效需求出发对经济问题进行分析，只不过将微观经济学上的一些理论进行了融合，使理论整体更加完整。后来的经济学家弗里德曼也提出了对宏观经济进行调控的方法，虽然也是调节总需求，但是采用的是调节货币供给量的方式。以出口、投资、消费为动力的经济增长理论,也是在需求侧对经济进行总量调控。因为中国在改革开放后采取的是通过出口、投资、消费"三驾马车"推动经济增长的方式,所以下面从这三个方面对需求侧总量调控作用的局限性进行分析。

第一,只从需求方面分析消费,过于片面。这种对真实经济社会的抽象过于简单化,消费并不仅仅受需求方面的影响,市场上产品的供给对居民的消费需求的影响同样重要。现在很多消费者的购买行为并不是他的消费偏好发生了变化所导致的,而是在市场上出现了新的产品供给所导致的,即我们通常所说的供给会带来需求。电子产品行业就具有这样的特征。因为技术更新换代比较快,所以像手机、平板电脑、游戏机、数码相机等推出新产品的速度也比较快,通常2年或者是3年就会推出一代新产品,可以说在新一代的产品开发前,消费者对于该产品的需求几乎是没有的,当开发出来的新产品发布之后,潜在的消费者看到广告之后才产生了对于该新产品的需求。也就是说先有了产品的供给后产生了产品的需求,产品供给数量的增加导致产品需求数量的增加,但如果仅仅从需求侧看问题是无法得到这个结论的。从需求侧对消费品的需求进行分析,主要是增加居民的收入水平,使那些原本只有购买欲望但是没有购买能力的人有购买能力,增加有效需求,本质上还是假定目前的供给情况不发生变化,通过增加总需求来提高国民生产总值,其对宏观经济的影响是有限度的。但是如果从供给侧出发,新的供给将会带来新的需求,总供给是增加的,总供给的增加必然会对现有的消费结构产生影响,最终对宏观经济的影响是扩张性的。例如页岩油、页岩气这些新能源,这两种物质其实一直存在,只是以前的技术水平还没有达到可以安全地开采这些资源,所以这两种物质并没有像石油、天然气等能源在市场上供给并作为比较重要的生产资料参与到产品的生产过程中,可以说在当时这两种资源对于经济发展是没有任何价值的。但是科学技术在不断进步,新工艺的出现使得这两种物质能够被安全地大量地开采，而且能够在能源市场上供应，这对经济的推动作用将会是巨大的。

第二，只从需求方面分析投资，不够客观。根据凯恩斯主义的理论，国民收入是消费、投资、政府支出和净出口之和。也就是说，如果一国的投资水平提高，那么国民生产总值在投资乘数的作用下将会出现大幅度增长。所以国家进行宏观调控，通过增加货币供给量、降低利率、降低企业所得税的方式来提高微观经济主体的投资欲望。国家认为通过增强微观主体的投资意愿就能使该国的投资总量增加，这在很多时候都是那些政策制定者的一厢情愿，事实上，在现实经济中刺激投资的经济政策实行之后未必出现政策制定者想要得到的结果。就目前中国微观主体的投资意愿来看，中小微企业、高科技企业的投资意愿都比较强烈，但因为这些企业本身很难从金融机构获得资金支持，所以即便这些企业有很强的投资欲望，但还是缺乏投资的能力。此外，市场上不存在好的投资机会，现在实体产业的利润率比较低，有时候即便企业能从金融机构获得贷款，但是如果融资的成本大于投资回报率，企业也不会进行投资。中小微企业融资难、市场上好的投资机会越来越少，在这种市场条件下，政府刺激投资需求的经济政策就不会起到理想的效果。所以说投资的供给十分重要，其一是供给微观主体进行投资所需要的资金，其二是令市场上有好的投资项目。国家在制定宏观经济政策刺激投资时一定要考虑到实际在微观主体层面能够完成的程度，而且也要考虑到在各个领域的投资额是不是足够，比如在教育方面国家和政府的投资是否足够，投资是否有效，在科技方面的投资力度是不是足够等。因为只有投资的结构和数量是合适的，投资的质量和效果才会好，当然这需要国家从供给侧调整投资的结构。

第三，只从需求方面分析出口，大多会拘泥于国际贸易理论的框架之中。出口也是一种消费需求，只不过这种消费需求来自国外市场。世界经济一体化进程加快，各国之间的贸易也越来越频繁，出口在一个国家经济增长过程中起到的作用越来越大，尤其对中国来说，因为在对外开放之后，依靠三大动力——消费、投资、出口实现了经济的快速增长，其中出口在国民生产总值中也占有相当一部分比重。在中国对外开放之初，中国的劳动力成本、资源价格是比较低的，根据比较优势理论，中国在国际市场上发展劳动密集型产业和资源密集型产业是比较有优势的，所以在国际贸易中，中国生产的产品因为性价比高而获得了竞争优势，贸易顺差额不断攀升。但是中国生产的产品属于低端产品，可替代性很强，单位产品的利润率很低，主要靠数量多来获得大量的外汇。而现在泰国、越南这些国家慢慢进入国际市场，这些国家的劳动力成本比中国要低很多，资源的价格也比中国要低，中国生产的产品在国际市场上的竞争优势已经不存在了，在国际市场上这些国家生产的产品慢慢地在取代中国生产的产品。所以中国不能拘泥于比较优势理论，只从需求侧考虑国际市场需要中国生产什么样的产品，而是要打破这种思维定式，从供给侧角度出发，考虑中国生产什么类型的产品能够获得高的利润，能够获得竞争优势。显然高科技的高端产品是必然选择，但是这些产品和市场是被发达国家垄断的，中国只有不断加大创新人才培养、科学技术方面的投资，生产高附加值的产品，提供高附加值的服务，才能在国际市场上占有一席之地。

综上所述，仅从需求方面对促进经济增长的动力进行分析是有很大局限性的。需求管理把经济增长的动力简单地归结为消费、投资和出口。当一个经济体有效需求不足的时候，通过一些政策提高消费需求、投资需求和国外市场上的需求是可以促进经济增长的。但是，在金融危机之后，中国经济呈现出的新特点表明，中国目前的经济下滑并不是有效需求不足造成的，单纯的需求方面的调控已经不能刺激经济的增长，中国只有从供给侧入手，对供给侧进行结构性改革，才能让经济再次焕发出活力。

5.2 中国供给侧结构性改革的短期路径选择（2016—2020年）

中国供给侧结构性改革是一项着眼于中长期的改革，不可能在短期内一蹴而就，从短期看（到2020年左右），必须以"三去一降一补"五项任务为重点和突破口，解决经济新常态下积累的突出问题。

短期"三去一降一补"五项任务（如图5-1所示），一是"去产能"，即淘汰实体经济的落后产能；二是"去库存"，即化解房地产行业的积压库存；三是"去杠杆"，即降低政府和企业负债水平；四是"降成本"，即降低实体经济企业成本；五是"补短板"，即在一些被忽视或滞后领域增加有效供给。这五项重点任务是决定改革能否顺利推进的关键。任务落实到什么程度，要依据当地经济社会发展的实际情况进行战略规划、战略重点以及战略行动方案的部署。

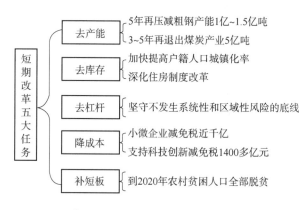

图5-1 供给侧结构性改革五项任务

第一，去产能。去产能的主要目的是化解过剩产能，即通过对生产设备更新换代、对产品转型升级等方法，解决由于供过于求而产生的产品恶性竞争的不利境况。后金融危机时代，由于危机的深层影响，国际消费品市场一直呈现低迷态势，中国需求增速也逐步放缓，部分行业凸显出供过于求的现象，尤其是以钢铁、煤炭、水泥等具有高排放、高消耗性质的典型行业为代表的传统制造业，产能普遍过剩。去产能主要涉及僵尸企业治理和七大行业产能治理两方面。

中国很多中小型企业之间同质性严重，进入行业门槛较低，一旦市场环境较好，大批同类型企业便进入市场，抢占盈利空间，进而形成产能过剩。由于这些企业的发展对外部环境的变化极为敏感，一旦国家整体发展趋势或市场上存在一定风险的时候，市场中的企业就会面临市场需求量急剧下降，失去市场份额，最后沦为僵尸企业的局面。因此，企业之间可以通过兼并重组，提高兼并重组的数量和质量，进行资源的整合，进而提升企业之间业绩的整合和提升，推动企业高新技术水平的提高，提高产能利用率，使产能控制在合理范围之内。关于七大行业产能治理，就是要对相关产能过剩的七大行业制定合理有效的产能治理削减任务。

第二，去库存。去库存主要是化解房地产库存。从某种角度来看，去库存也就是把现阶段房地产市场上待售的房源出售出去，但是需要注意的是，房产是具有双重属性的，既可以居住又可以投资。所以，即使房子销售出去也不一定是去除了库存，也有可能是发生了库存的转移，即由一种库存转化为另一种库存，或者由一部分人的库存转移为另一部分人的库存。

第三，去杠杆。杠杆在微观上以总资产与权益资本的比率衡量，宏观上以"债务/GDP"衡量。去杠杆就是要减少负债，这样有利于降低负担，减少系统性风险。有时候适度加杠杆有利于企业赢利和经济发展，但如果杠杆率过高，债务增速过快，还债的压力就会反过来增大金融风险甚至拖累发展。

第四，降成本。降成本即降低企业的经营成本，包括降低制度性交易成本、降低企业生产成本、降低企业融资成本、降低企业税费负担等。通过降低企业成本能够减轻企业负担,提高企业竞争力,有利于提升企业供给能力。

第五,补短板。"短板"借用了"木桶理论"中的"短板"概念,是指影响发展的"限制因素"。中国在经济和社会发展过程中的短板还有很多,当前要着力解决好基础短板问题,主要包括民生、基础设施、"三农"等领域的短板。补民生短板,涉及劳动力、就业、教育、医疗、居住、养老等方面问题,解决公共服务体系不完善,基本公共服务不均衡,教育、医疗、卫生、文化、就业和社会保障服务水平不高等问题。补基础设施建设短板,解决城市基础设施和公共服务设施建设滞后,中心城区地下管网老旧、水电气暖及环卫设施不配套、交通运输设施落后等问题。补"三农"短板涉及农业发展、农民增收、农村振兴等问题。

5.3 中国供给侧结构性改革的长期路径选择(2021—2035年)

中国经济进入了新常态,中国特色社会主义进入了新时代,基于这些新的形势变化判断,中国经济已由高速增长阶段转向高质量发展阶段。这一判断表明,中国供给侧结构性改革的长期路径必然是实现经济的高质量发展。

5.3.1 实现经济高质量发展是中国供给侧结构性改革的长期目标

5.3.1.1 经济高质量发展必须依靠供给侧结构性改革

经济高质量发展的基本内涵包括:一是经济高质量发展应将实体经济放在重点位置,将提升供给质量效率作为主要方向,坚持"质量第一、效益优先"两大原则；二是经济高质量发展要实现"质量变革、效率变革、动力变革"，带动中国发展向创造、质量、品牌转变。简言之，高质量的经济发展可以概括为两个词：质量、变革。

中国供给侧结构性改革是实现经济高质量发展的必由之路，未来中国供给侧结构性改革也完全可以用质量、变革两个关键词来概括。在影响经济增长至关重要的土地、劳动力、资本、创新等要素方面，中国经济目前面临的主要问题在于普遍存在的供给控制、约束以及供给结构的不合理，把握主要矛盾，便可以在创造经济发展新动力、新周期的过程中找到方向。因此，中国经济高质量发展的关键在供给侧，而不在需求侧；在供给侧的结构改革，而不在供给侧的数量增加；在实体经济的改革，而不在虚拟经济的改革。同时，若要加强实体经济的改革，则要求中国继续降低融资成本，加大减税力度，取消更多行政管制，放松供给约束，提高供给质量。同时，关于人口与劳动、土地与资源、金融与资本、技术与创新、制度和管理五大财富来源的供给抑制将予以取消，提升供给质量效率，减少成本，利用"大众创业、万众创新"发掘新的驱动力来促进供给改革。

5.3.1.2 中国供给侧结构性改革的长期目标是实现经济高质量发展

当前，新的社会主要矛盾表明，人民日益增长的美好生活需要尚不能得到满足，通过高质量的经济发展，实现经济的平衡与充分，才能解决这对供需矛盾。这也恰恰是供给侧结构性改革的目标，即深化供给侧结构性改革，就能进一步提高和优化供给体系，以实现高质量的经济发展，来适应人民日益增长的美好生活需要。

从2015年开始中国经济进入新常态，各个主要经济指标相关联动背离，CPI接连处于低位，经济增长也呈现下行趋势，居民收入增加但是企业利润率却在下降。可以看出，中国出现的这种经济态势不能简单地理解为通胀或是通缩，在此过程中，宏观货币调控力度持续加大但是政策效果并不明显，原有经济形态处于疲软状态，而与此同时，以"互联网+"为依托的新经济生机勃勃。中国经济的供给结构性分化正趋于明显，这种分化说明中国经济的总供给结构已不适应总需求需要，这种结构性的供给配置不合理就需要通过供给侧结构性改革来调整。换句话来说，供给侧结构性改革就是通过供给侧结构的纠偏，重新实现总供给结构与总需求结构的一致性匹配，当两者高度匹配了，也就实现了高质量经济发展的目标。即现阶段必须通过"三去一降一补"等相关制度体系共同推动供给侧改革，从而使供给产品质量得以提升，供给驱动力适应变革要求，实现经济的平衡发展、充分发展，满足人民日益增长的美好生活需要。

5.3.2 推动供给侧要素改革是中国供给侧结构性改革的长期必由之路

5.3.2.1 经济高质量发展的内涵

从经济高质量发展的视角看，新时代经济高质量发展意味着：一要提供高质量的供给，即通过建立高质量的现代化供给体系，提供能够满足新时代生产、生活需要的高质量产品、服务；二要创造高质量需求，即进一步释放需求抑制，拉动内需，刺激人民在更高收入水平上对美好生活的向往的需求，从而推动供给端升级，实现供需更高水平的均衡；三要实现资源的高质量配置，即在资源配置问题上发挥政府的"有限"作用，让市场在资源配置中发挥决定性作用，实现资源的高效配置；四要实现高质量投入产出，即高效发挥现有人力资本的作用，通过提高人力资本素质，创造最大化人口红利，提高土地等资源的投入产出效率，实现全要素生产率的提升，同时贯彻"五大发展理念"，更加注重生态环保，把经济发展的成果与生态保护成果紧密结合起来；五要保障高质量的循环，即确保商品流通高质量，发展实体经济的资源流通高质量，服务于实体经济的金融领域运行高质量，在发展中处理好金融与实体经济、房地产与实体经济的均衡关系。

5.3.2.2 生产要素推进经济增长的作用

从要素市场的视角看,生产要素是经济增长的前提和基础,将劳动、资本、土地、技术进步等生产要素的投入转化为社会总产出的过程就是经济增长的过程,处理好要素和要素组合投入的数量、质量及效率,就能够有效推动经济增长。

劳动力增加能导致规模的节约和资源配置的改善,对知识进展发挥动态性促进作用,对居民收入分配格局产生直接的影响,从而对经济增长发挥促进作用。资本的投入增加直接导致规模的节约,改善资源配置,促进技术进步或知识进展,资本的投入量增加对经济增长既发挥动态作用,也发挥静态作用,资本的积累对经济增长发挥静态作用。土地等资源对经济增长的速度、经济发展格局、劳动生产率和劳动的地域分工以及区域产业结构都有影响。技术进步是推动经济增长和社会经济发展的动力和源泉,技术进步主要通过知识创新、产品创新等途径促进经济发展方式转变,促进产业结构升级与优化。

因此,加强对生产要素的管理,实施供给侧管理,能够更好地解决发展基础问题、结构问题、长期平衡等问题,能够更好地保障经济的平稳高速发展。

5.3.2.3 通过生产要素改革推动经济高质量增长

实施供给侧结构性改革的关键在于解决生产要素的合理配置问题。短期内实施供给侧结构性改革,以"三去一降一补"五大任务为路径,能够解决当前经济发展中积累的问题,解决生产要素的约束问题;未来在实施供给侧结构性改革中着力于要素改革将成为长期路径的必然选择。

第一,劳动力要素改革。一是要促进人口数量的高质量供给,在全面放开二孩政策的基础上,要进一步完善制度和政策,促进人口的稳步增长与区域发展协调的均衡增长;二是要推进全社会化的教育改革,全面提高劳动力素质，提高劳动者知识水平和技能水平；三是要着力打造和发挥企业家精神。

第二，资本要素改革。一是要建立和完善现代化金融体系，着力解决中小企业和民营企业融资难问题，确保金融系统对经济发展的全面支持作用；二是要加强金融监管，管好四部门杠杆，确保合理的杠杆率水平，既发挥其推动经济增长的积极作用，又能确保不发生系统性金融风险。

第三，土地等资源要素改革。开展资源保护方面的改革，确保资源对经济发展的可持续性支撑；开展资源科学利用方面的改革，确保资源的科学开发、合理利用，特别是处理好资源利用与生态保护的关系，实现生态资源的高质量发展。

第四，技术进步要素改革。继续实施创新驱动战略，供给侧结构性改革要进一步解决创新能力不强、创新活力不足、科技研发投入偏低、科技成果转化缓慢和高新技术产业规模较小等问题。要将供给的方向调整到发展高端技术产业和高端创新上，同时需要通过创新对传统企业进行提升、转型和优化。

第 6 章 去产能路径分析

根据产能利用率的标准看,中国钢铁、煤炭、有色金属(电解铝、铜、铅、锌、稀土)、建材、汽车、纺织、化工等行业产能过剩问题均较为严重。本章由于资料所限,主要分析了钢铁和煤炭两大行业的产能过剩问题。

6.1 钢铁行业供给需求分析

6.1.1 需求分析

6.1.1.1 终端需求量分析

对钢铁的需求主要来源于建筑、机械、汽车等下游行业。2011年以来的钢材下游终端需求量统计数据如表 6-1 所示。

表 6-1　2011—2016 年钢材下游终端需求量

单位：亿吨

行业	2011	2012	2013	2014	2015	2016
建筑	3.40	3.50	3.81	3.90	3.60	3.60
机械	1.18	1.25	1.33	1.40	1.29	1.28
汽车	0.41	0.42	0.47	0.50	0.50	0.50
能源	0.29	0.30	0.31	0.32	0.32	0.32
造船	0.22	0.16	0.13	0.13	0.14	0.12
家电	0.09	0.09	0.10	0.11	0.11	0.11
铁道	0.05	0.04	0.05	0.05	0.05	0.05
集装箱	0.04	0.04	0.05	0.06	0.06	0.04
其他	0.52	0.60	0.69	0.69	0.63	0.68
合计	6.20	6.40	6.93	7.15	6.68	6.73

数据来源：根据行业统计年鉴整理所得。

从表 6-1 分析可知：第一，中国对钢材的需求主要来自建筑、机械、汽车等行业，以 2015 年为例，其需求量分别占总需求量的 53.9%、19.3% 和 7.5%，三大行业占据了钢材下游需求总量的 80.7%；第二，各年度需求总量和各行业的需求量基本保持平稳，最大需求量在 2014 年，为 7.15 亿吨，比 2011 年增加了 0.95 亿吨，建筑行业最大需求量也在 2014 年，与最低的 2011 年相比增加了 0.5 亿吨，机械行业 2014 年比 2011 年增加了 0.22 亿吨，其余行业的需求变化量不大。

6.1.1.2　表观消费量与需求变化

从钢材产量与钢材表观消费量（表观消费量=当年产量+净进口量=当年生产量+当年进口量-当年出口量）看，2000—2005 年钢材产量略低于钢材表观消费量,除这 5 年外,从 2006 年开始,近 10 年钢材产量都高于钢材表观消费量。可见,中国的钢铁行业增速是迅猛的,钢材产量不但能满足国内经济发展所需,同时过量的产能为钢铁行业出口创汇提供了可能。

如图 6-1 所示,近 10 年的钢材产量持续高于表观消费量呈逐年增长的态势,进一步表明中国的钢铁行业供大于求的矛盾,并且这个态势从近两年看有日趋严重的趋势。

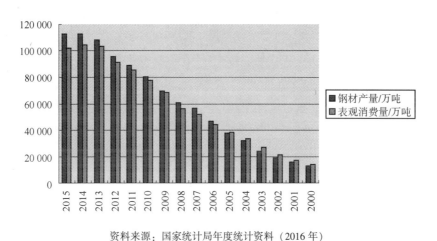

资料来源:国家统计局年度统计资料(2016 年)

图 6-1　2000—2015 年钢材产量与表观消费量

从境内需求增长率看(如图 6-2 所示),2000—2003 年境内需求增长率是不断增长的,尽管到 2005 年有所下降,但 2005—2007 年呈现较平稳趋势,维持在 16% 左右。从 2008 年起境内需求增长率开始出现大幅波动,除 2009 年大幅增至 22.52%,之后呈快速下降趋势,尤其 2015 年跌至低谷,增长率仅为 -2.09%。表现出市场需求的大幅缩减。

6.1.1.3　特种优质钢材的需求

特种钢材因具有特殊化学成分、采用特殊生产工艺、具备特殊微观组织,在核电、航母建造、军工、高铁项目等领域发挥着关键作用。中国特钢企业协会统计数据显示,2009 年中国累计生产特殊钢 3470 万吨,占全国钢产量的比例只有 6.11%。在世界范围内,特种钢在一个国家钢产量中所占的

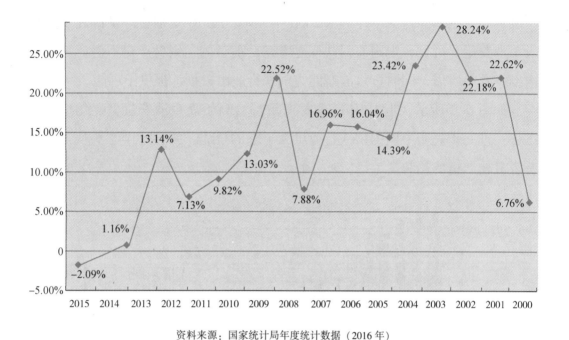

资料来源：国家统计局年度统计数据（2016年）

图 6-2　2000—2015 年钢铁行业境内需求增长率

比例平均为 10%～15%，OECD 国家达到 15%～20%，而瑞典最高，接近 30%。横向比较中国特种钢的产量比例相对较低。尽管中国特种钢生产在数量上与国民经济发展大体适应，但中低端产品产能较大，相对过剩，而高端产品在品种质量和数量上不能完全满足国内市场需要，比如中国还不具备生产模具钢的能力，包括圆珠笔头上的"圆珠"，目前仍然需要进口。钢铁行业产能过剩和供给不足的问题并存。

6.1.2　供给分析

6.1.2.1　产量增长迅速

国民经济高速增长带动了中国钢铁行业的快速发展，1996 年中国粗钢产量达到 1 亿吨，成为世界第一大钢铁生产国。进入 20 世纪 90 年代后，高速公路、铁路等一系列基础设施的建设，带动了钢铁行业迅猛发展，同时，房地产、汽车等一批高消耗钢铁产业的快速跟进，给钢铁行业提供了巨大的市场发展空间。随着国有及民间资本的大量进入，涌现出大量钢铁中小企业，粗钢产量快速攀升。如图6-3所示，经过15年的高速增长，钢材产量由2000年的1.31亿吨猛增到2015年的11.23亿吨，15年年均增长15.38%；粗钢产量由1.3亿吨增长到8.04亿吨，年均增长13%，增长速度惊人。但由于经济下行压力以及产业结构的优化调整，市场需求大幅下降，利润大幅缩减。2014年钢铁企业平均利润为3.61%，而2015年仅剩为0.10%，行业过剩产能超过3亿吨，钢铁行业进入严重产能过剩期。

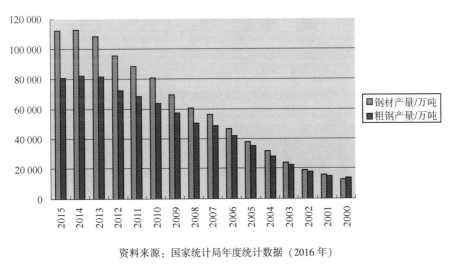

资料来源：国家统计局年度统计数据（2016年）

图6-3　2000—2015年钢铁行业产能情况

6.1.2.2　固定资产投资过旺

钢铁行业固定资产投资指标反映了钢铁产品规模数量变化及行业的结构，能够反映钢铁行业能否高效满足经济发展的需求，是否处于良性发展状态。

如图6-4所示，从钢铁行业固定资产投资看出，2010—2015年呈现先升后降的态势。2010年钢铁行业固定资产投资为4 783亿元，同比增长21.72%；2012年最高为6 931亿元，同比增长35.61%；之后固定资产投资出现下降，2013 年同比增长只有 2.96%；而到 2015 年只有 5 623 亿元，同比下降 13.21%；尽管 2016 年上半年累计投资额同比略有增长，但从 2016 年 6 月后，进一步下降。可见，随着市场需求的下降，钢铁行业投资规模出现了大幅下滑趋势，尤其以 2015 年为最，表明该行业出现结构性问题。

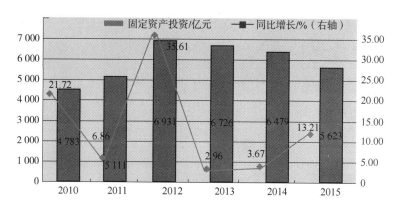

资料来源：国家统计局年度统计数据（2016 年）

图 6-4　2010—2015 年钢铁行业固定资产投资及同比增长率

6.1.2.3　行业集中度低

行业集中度，是测算整个行业市场结构集中程度的指标，用来衡量企业数目和相对规模差异，通常采用行业集中率（CRn）来测算。一般用一个行业中最大的四家企业的产出占该行业总产出的百分比表示，即 CR4。如果 CR4 很高，就说明其对市场的支配能力也很强。CR4 在钢铁产业的衡量可以通过该产业中的处于顶尖层次的几个钢铁生产企业的产量和该产业总产量的比来实现。

国际钢铁市场基本可以称为寡头市场的代名词，钢铁企业通过一系列兼并、重组，具有规模大、数量少的特点，从而使钢铁行业集中度大幅提高。2010 年，欧盟四大钢铁企业产量合计为 16 875 万吨，其行业集中度为 92.41%。美国最大的四家钢铁企业行业集中度为 51.30%。日本最大的四家钢铁企业行业集中度为 78.83%。韩国一直保持较高的钢铁行业集中度，其行业集中度为 91.23%。

中国钢铁行业集中度很低，2001—2012年一直维持在16%~29%（如表6-2）所示，远低于国际平均水平。河钢、宝钢、鞍钢、武钢在2010年位于粗钢产量的前四名。2000—2010年，中国的钢铁企业数量从原来的2997家发展到12 143家，在10年之中，年均增幅36%。钢铁企业数量的大幅度上升、行业集中度低成为中国钢铁行业的问题。规模不大、专业化水平不高的小型钢铁企业在增幅中占绝大多数，它们相互的竞争缺乏秩序，在某种程度上使得这个行业产能过剩的现象更加严重。

表6-2 2001—2012年中国钢铁行业集中度CR4

单位：万吨

年份	宝钢	鞍钢	河钢	首钢	武钢	沙钢	总产量	CR4%
2001	1 913.5	879.2	392.01	824.8	708.5	253.49	15 702	28.53
2002	1 948.4	1 006.7	506.53	817.1	755.1	359.91	19 250	24.83
2003	1 986.8	1 017.7	608.12	816.3	843.5	502.17	24 108	20.98
2004	2 141.2	1 133.33	765.83	847.58	930.57	755.37	29 723	17.9
2005	2 272.58	1 190.16	16.7.81	1 044.12	1 304.45	1 045.95	39 692	16.5
2006	2 253.18	2 255.76	1 905.66	1 054.62	1 376.08	1 462.80	46 685	16.68
2007	2 857.79	2 358.86	2 275.11	1 540.89	2 018.61	2 289.37	56 607	17.27
2008	3 544.30	2 343.93	3 328.39	1 019.28	2 773.39	2 330.46	61 379	19.53
2009	3 886.51	2 012.66	4 023.94	1 947.81	3 034.49	2 638.58	69 340	18.68
2010	4 449.51	4 028.27	5 286.33	3 121.79	3 654.60	3 012.04	80 201	27.8
2011	4 330.34	4 620.25	7 170.24	3 000.28	3 770.19	3 190.40	68 239	29.0
2012	4 269.6	4 531.6	6 922.24	3 642.21	3 770.19	3 230.90	95 134	27.0

资料来源：根据历年《钢铁工业统计年鉴》整理、计算所得。

如图6-5所示，2010—2015年，中国钢铁行业集中度呈逐年下滑趋势，除2011年略有上涨外，其余几年都出现下行态势。2010年CR4为27.8%，2015年则下滑到18.5%；2010年CR10为48.6%，而2015年则下降到34.2%。可以看出，近年来中国钢铁行业集中度一直呈现降低态势，特别是2015年，粗钢产量最高的四家企业的产量总和只占全国总产量的18.5%，和2014年同比，下降了0.1个百分点；排名前十家企业合计产量占全国总产量的34.2%,较上年下降0.8个百分点。如表6-3所示,从主要钢铁企业产量看,2015年前四家钢铁企业产量同比降幅为2.74%,前十家钢铁企业产量同比降幅为4.27%,均高于全国2.33%的减产幅度。同时,因钢铁需求下降,企业间竞争激烈,行业内重组后部分企业出现剥离(宝钢退出宁波钢铁,武钢退出柳州钢铁),进而导致行业集中度大幅跳水。

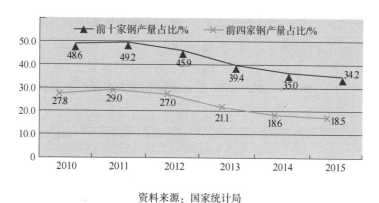

资料来源:国家统计局

图6-5 2010—2015年中国钢铁行业集中度

表6-3 2015年全国粗钢产量千万吨以上企业排名

排名	企业	2015年粗钢产量/万吨	2014年粗钢产量/万吨	同比/%	排名	企业	2015年粗钢产量/万吨	2014年粗钢产量/万吨	同比/%
1	河钢	4 775	4 713	1.3	13	日照	1 400	1 241	12.78
2	宝钢	3 494	3 586	-2.57	14	新武安	1 346	1 367	-1.52
3	沙钢	3 421	3 533	-3.16	15	方大	1 321	1 327	-0.43
4	鞍钢	3 158	3 435	-8.05	16	包钢	1 183	1 072	10.38
5	首钢	2 855	3 078	-7.23	17	敬业	1 132	969	16.75
6	武钢	2 578	2 759	-6.56	18	柳钢	1 083	1 139	-4.95
7	山钢	2 169	2 334	-7.05	19	安阳	1 074	1 088	-1.33
8	马钢	1 882	1 890	-0.44	20	纵横	1 038	1 032	0.6
9	渤海	1 627	1 846	-11.85	21	太钢	1 026	1 072	-4.36
10	建龙	1 514	1 526	-0.75	以上企业合计		41 063	42 171	-2.63
11	本钢	1 499	1 626	-7.81	重点企业合计		63 358	64 601	-1.92
12	华菱	1 487	1 538	-3.31	全国合计		80 382	82 300	-2.33

资料来源:根据历年《钢铁工业统计年鉴》整理、计算所得。

6.1.3 供求均衡分析

6.1.3.1 产能利用率表明产能过剩

产能利用率是衡量产能利用情况的指标。从 20 世纪 30 年代开始,产能利用率就已经被西方一些发达国家用来追踪解析工业部门的运行情况,西方发达国家以价值量指标来衡量产能利用率。中国相关工作起步晚,难以通过价值量计算,所以目前计算产能利用率的方法是使用实际产出的实物量指标,以此对产能利用的情况进行反馈。根据西方发达国家的发展经验,产能利用率如果超过 81%,则这个行业的生产是安全运行的。

2000—2015 年中国钢铁业的产能利用率情况如图 6-6 所示。可以看出 2000—2011 年行业产能利用率都高于合意产能利用率 75%,基本维持在 80% 左右的水平,特别是 2000—2005 产能利用率都在 90% 左右,说明 2011 年以前钢铁行业产能利用率属于合理范畴。但自 2012 年起钢铁行业粗钢的产能利用率明显下降,尤其以 2015 年最为突出,产能过剩矛盾日渐凸显。尽管此处产能统计极有可能是不够全面的,但近年来钢材价格连续性下跌的现状也进一步说明产能过剩情况严重,钢铁企业遭遇运营困境,行业利润大幅下滑,甚至出现亏损。

6.1.3.2 依赖出口消化部分产能

如图 6-7 所示,从进出口情况看,2000 年,钢材出口 621 万吨,钢材进口量 1 596 万吨;2005 年,钢材出口 2 052 万吨,钢材进口量 2 582 万吨;到 2010 年,钢材出口量 4 256 万吨,钢材进口量 1 643 万吨;而 2015 年,钢材出口量 1.12 亿吨,钢材进口量 1 278 万吨。

2000—2015 年,钢材出口量由 621 万吨猛增到 1.12 亿吨,年均增长 21.3%;而钢材进口量则一直稳定在 1 400 万吨左右。10 多年以来,出口消化了中国大量的钢铁产能。

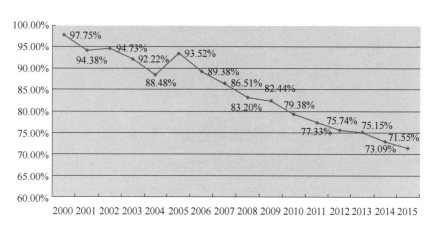

资料来源：国家统计局年度统计数据（2016）

图 6-6　2000—2015 年中国钢铁行业粗钢产能利用率

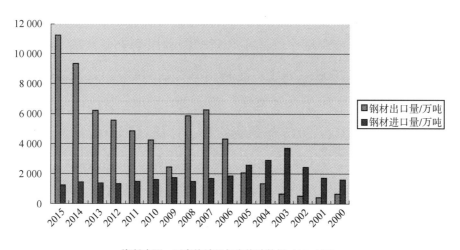

资料来源：国家统计局年度统计数据（2016 年）

图 6-7　2000—2015 年钢材进出口情况

综合以上分析可以看出，中国钢铁行业从总量上看，存在较为明显的产能过剩问题，行业集中度不高。从结构上看，低端的钢铁产品产能过剩严重，优质的特种钢材供给不足，严重依赖进口。因此，钢铁行业既有总量上的产能过剩问题，也有结构上的高端供给短缺问题，这一矛盾必须通过结构性改革加以解决。

6.2 煤炭行业供给需求分析

6.2.1 需求分析

煤炭是中国的主导能源和基础能源，特别是电力、冶金、化工和建材四个行业，是长期以来主要耗煤产业，煤炭消费量占全国煤炭总消费量的70%左右，其中电力行业煤炭消费量占全国煤炭总消费量的50%以上。

如图6-8所示，2005—2014年全国煤炭生产量虽逐年上升，但消费量在2013年后急剧下滑。2012年前煤炭产需基本持平，从2013年开始，煤炭市场供过于求问题严重暴发。从数据看出，近年来煤炭供需矛盾逐渐凸显，产能过剩问题突出。

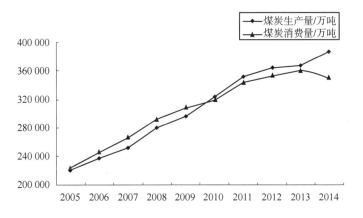

资料来源：国家统计局年度统计数据（2015年）

图6-8 2005—2014年全国煤炭生产量和消费量

6.2.2 供给分析

6.2.2.1 投资情况分析

从 2006 年开始，中国的煤炭投资已经累计完成 3.6 万亿元，新增产能累计逼近 30 亿吨大关，"十二五"期间累计投资 2.35 万亿元，年均投资逼近 0.5 万亿元。到 2015 年年底，中国的煤矿总规模达到 57.04 亿吨，包括正常生产和改造的煤矿 39 亿吨、停产煤矿 3.08 亿吨、新建改扩建煤矿 14.96 亿吨。

6.2.2.2 产能情况分析

1978 年以来，中国能源生产结构中煤炭资源一直居于主体地位。改革开放以后，随着国民经济快速发展，中国煤炭工业无论从生产规模还是大型煤矿数量上也快速增长。从煤炭行业产能看，其发展大致经历三个阶段：第一阶段（1979—1996 年）为缓慢增长期，年均净增长速度 4.75%；第二阶段（1997—1999 年）为增长停滞期，受亚洲金融危机的影响煤炭产量出现了历史性的倒退；第三阶段（2000 年至今）为快速增长期，年均净增长速度达到 8.86%。

从产能看（如图 6-9 所示），2006 年全国原煤产量为 25.7 亿吨，到 2013 年，原煤产量达到峰值 39.74 亿吨，2015 年产量下滑至 36.85 亿吨。从年均增幅看，2010 年最高，为 10%，2014—2015 年则呈现负值，2015 年下降为 3.5%。

从新增产能看（如图 6-10 所示），2001—2011 年，煤炭行业产能呈现稳中有升趋势，而 2013 年后，受产能过剩影响，新增产能逐年下滑，降至 2014 年不到 30 亿吨。

资料来源：《中国煤炭工业统计年鉴》（2016年）

图6-9　2006—2015年全国原煤产量及同比增长情况

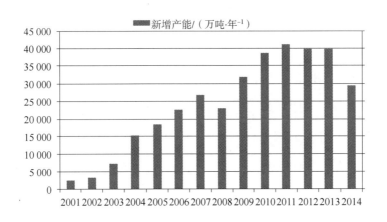

资料来源：国家统计局年度统计数据（2015年）

图6-10　2001—2014年煤炭行业新增产能情况

从产能利用率情况看（如图6-11所示），1991至2004年的14年间，煤炭行业产能利用率呈现平稳上升趋势，2004年前后达到峰值，接近140%。从2005年起到2014年的10年间，产能利用率大幅下滑。

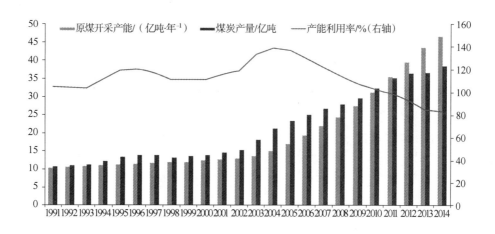

资料来源：国家统计局年度统计数据（2016年）

图 6-11　1991—2014 年煤炭产能、产量及产能利用率

6.2.2.3　生产机械化程度分析

随着煤炭行业发展，其生产机械化程度也在逐步上升。2010 年，中国有 661 家大规模矿井年产量能够达到 120 万吨以上，煤炭的总产量可达到约 18.8 亿吨，有 38 家大规模矿井已经超千万吨级。如图 6-12 所示，从 1978 年到 2011 年，中国国有重点煤矿的采煤机械化程度从 32.52% 上升至 94.36%，掘进装载机械化程度从 34.52% 上升至 82.19%。不仅如此，从 1978 年到 2008 年，中国煤炭行业的劳动生产率也有了很大的提升，原煤全员效率从每人不到 1 吨发展到 4.98 吨，原煤全员效率的年均增长速度大约为 5.74%。虽然中国资源的总量比较大，但是由于复杂的煤炭地质赋存情况，目前还存在技术装备和资源条件不能够相互适用的问题，勘探的程度还不高，开采的难度非常大。中国目前煤炭生产机械化水平和国际的煤炭机械化平均水平相比，还有一定的差距，开采方式的落后也造成了中国资源很大程度上的浪费，煤炭行业目前粗放式的发展方式急需改进。

资料来源：国家统计局年度统计数据（2012年）

图6-12 中国国有重点煤矿生产机械化程度

6.2.2.4 盈利情况分析

如图6-13所示，中国煤炭行业的盈利水平自2001年起，呈井喷式上升，伴随行业的快速发展，利润总额从2001年到2011年的10年间，由42亿元增长到4 342亿元。但由于后期行业产能过剩，利润总额出现快速下跌，2015年回落到2004、2005年的水平，只有441亿元。销售净利率和利润总额发展趋势类似，从2010到2011年间，能够保持在14%的高盈利水平，之后快速跌落，2015年只有1.8%，下降幅度为87%，并且低于2001年行情开始之前的水平；如果用净利润的指标来进行测试，那么预计盈利能力的表现将会更加惨烈。

6.2.2.5 市场集中度

2014年，中国煤炭产量居于前十位的企业的产量占比是44%，比2009年上升12%；有53家企业的年产量达到千万吨以上，比2009年多了10家；有9家企业的产量过亿吨，比2009年多了7家。中国的煤炭行业集中度自"十二五"以来逐步发展，但同发达国家相比行业集中度仍然较低。目前煤炭行业的首要问题仍然是进行结构调整。

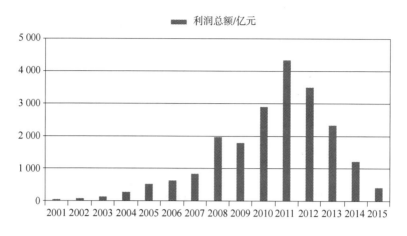

资料来源：国家统计局年度数据（2016年）

图 6-13　2001—2015 年中国煤炭行业利润总额

6.2.3　供求均衡分析

6.2.3.1　进出口情况分析

除国内市场的供求情况之外，从煤炭进出口情况看（如图 6-14 所示），2006—2008 年，中国煤炭年出口量高于进口量，表明国内煤炭产能能够满足国内需求的同时，还能够供给国际市场。从 2009 年开始，煤炭进口量大幅提升，2013 年竟激增到 3.2 亿吨。而近年来的产能问题已经令国内煤炭企业备受市场煎熬，进口煤炭却在市场大行其道。据数据显示（如图 6-15 所示），仅 2015 年 7 月，中国煤炭进口量就达 2 126 万吨。

综合考虑全国煤炭行业的生产情况、进出口情况、库存情况和实际消费情况，通过主要年份煤炭平衡表（如表 6-4 所示）可以看出，煤炭总可供量在 2014 年前逐年增加，消费量也不断增加，2005 年平衡差额显示，煤炭供不应求，但从 2010 年开始出现明显过剩。随着中国能源结构的进一步调整和环境条件约束的提高，煤炭过剩问题将更加突出。

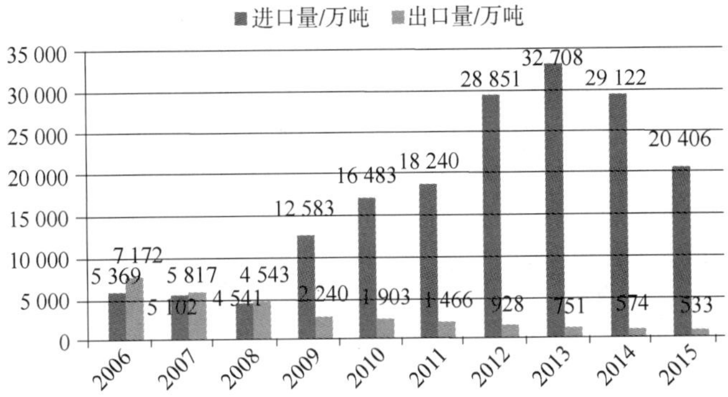

资料来源：国家统计局年度数据（2016 年）

图 6-14　2006—2015 年中国煤炭进出口情况

资料来源：国家统计局月度数据（2015 年 1 月至 2016 年 1 月）

图 6-15　2015 年月度中国煤炭进口及同比增长情况

表 6-4　主要年份煤炭平衡表

单位：万吨

项目	1990	1995	2000	2005	2010	2014	2015
总可供量	102 221	133 461	131 894	235 507	355 577	411 833	397 073
生产量	107 988	136 073	138 418	236 514	342 844	387 391	374 654

续表

项目	1990	1995	2000	2005	2010	2014	2015
进口量	200	163	217	2 621	18306	29 122	20 406
出口量（-）	1 729	2 861	5 506	7 173	1 910	574	533
库存差额	-4 238	86	-1 235	3 544	-3 663	-4 106	2 546
消费量	105 523	137 676	135 689	243 375	349 008	411 613	397 014
平衡差额	-3 302	-4 214	-3 795	-7 867	6 569	220	59

数据来源：根据《中国统计年鉴》主要年份数据整理。

6.3 主要行业总体产能过剩情况分析

  2003年国家发改委指出，钢铁、水泥、电解铝和汽车存在产能过剩的危险；到2004年，焦炭、铁合金、电石等行业也出现产能过剩；到2005年年底，过剩产能行业达到了11个，其中钢铁、电解铝、铁合金等行业过剩问题严重。到2013年，水泥、粗钢、平板玻璃、电解铝和造船业的产能利用率分别为75.7%、74.9%、73.5%、73.5%和65.7%（合意产能利用率标准75%），80%以上的光伏产品需要出口才能得以消化。从行业看，产能过剩较严重的是钢铁、煤炭、有色金属（电解铝、铜、铅、锌、稀土）、建材、汽车、纺织、化工，这些行业的产能利用率都低于合意产能利用率。中国实体经济薄弱的明显特点就是产能过剩，其表现是全行业范围的利润降低，严重亏损。比如钢铁行业，大约有4亿吨的过剩产能，和欧盟所有国家一年1.7亿吨的钢铁总量相比还多出1倍多。

  在国务院点出的重灾区电解铝、钢铁、平板玻璃、水泥、船舶行业中，产能过剩情况也各有不同，过剩情况包括：总量绝对过剩，低端过剩高端不足的结构性过剩，产业导入初期造成的成长性过剩，需求下滑过剩及区域性过剩。

6.4 产能过剩的主要原因

第一，市场供需关系结构变化。仍以钢铁行业为例，在20世纪五六十年代，工业发展初级阶段，由于长期钢材短缺，用钢产量缺口较大，钢材一直处于供不应求状态，引发大量钢铁项目不断上马。1976年后，国民经济有了飞速的发展，钢铁行业更是作为支柱产业，拥有相对来说比较可观的利润。正是在这种高利润的前提下，吸引了各个方面的资金投入这一行业中来，从而产生了一大批的民营钢铁企业，尤其是一些中小型钢铁企业因生产建筑用钢筋而得到快速的发展。同样，煤炭行业受煤炭为主的能源结构影响，始终占据着"煤老大"的地位，长期处于供不应求的状态，促使一些小煤矿、小煤窑不断产生，屡禁不止，既造成煤炭供大于求，也隐藏着巨大的安全隐患。类似的情况在其他行业也普遍存在。

第二，市场机制不健全造成的"市场失灵"。当某一行业的市场供需关系达到平衡后或者市场供需状况发生变化时，由于生产成本和退出成本较大，企业难以及时应对市场的剧烈波动，产能的变化刚性和市场供需的短期性、复杂性，市场机制不健全，使已形成的产能不可能随着市场需求的变化而及时变化，市场无法发挥"优胜劣汰"的自发调节机制，低端劣质产能无法正常出清，形成"市场失灵"，固有产能一旦形成，就无法自动完成供需调节，同样造成产能过剩。

第三，政府不恰当干预造成的"政府失灵"。即由财政分权体制和以GDP增长作为考核政府官员业绩的体制造成的产能过剩。由于小钢铁、小煤炭、小化工等地方企业或民营企业是地方财政的重要来源，虽然中央三番五次压产限产，淘汰落后过剩产能，但地方政府出于利益考虑不予配合，或千方百计予以拒绝，在很大程度上造成产能过剩的局面。同时应该看到，在很长的一个时期内，中国的宏观经济政策主要表现为扩张性的经济刺激政策，行政对于投资需求的过度干预，导致了比较严重的问题——盲目投资和重复建设，而投资的效率过低。尽管表面上看，如此众多的投资是在拉动社会需求的增长，但其也形成了大量的潜在产能。

第四，企业本身投资需求因调控政策而发生的扭曲。宏观调控模式使企业投资决策产生扭曲，大量企业同时涌向几个特定行业引发过度投资。各级政府通过手中的要素资源的配置权，将要素市场价格拉低，为企业提供了税收、金融、环境、土地、财政、资源等各个方面优惠的政策，降低了企业的生产要素投资成本，企业面对已不再是纯粹市场要素价格的"优惠"价格，投资扩张需求成为企业最理性的选择。企业在产业政策和竞争性招商引资的优惠政策引导下，非常容易在某些利润较高的项目上达成一致，进而纷纷流向特定的几个行业，变成了企业投资需求的非理性盲目投资决策。

第五，低效率的资源配置导致愈发严重的产能过剩。政府、企业以及金融机构在工业化进程时期，对未来发展趋势盲目乐观。例如，很多中小钢铁企业过度地重复建设钢铁项目。除此以外，钢材市场的市场竞争也不完全，信息的沟通交流机制也不完善。钢铁行业的产能过剩在2006年左右已经比较严重，但仍有一部分钢铁企业违背市场规律，不但不减产，反倒是增加了投入。他们预测市场中一定比例的钢铁企业即将被淘汰，这正是他们占领市场主导地位、扩大市场占有份额的好时机。如此一来，导致了中国钢铁行业的产能过剩情况愈加严重。

第六，行业有效竞争不足。一些地方政府受到贸易保护思想和狭隘视角的影响，只从本地区的经济发展考虑，并且考虑的是短时期的经济效益，对一些投资数额比较大、经济拉动效应比较强、能解决就业问题的钢铁、煤炭项目的投资表现出热烈的欢迎。这些行业都属于资本密集型行业，项目投资额起步就是几个亿，甚至能达到上百亿，企业带来的巨大的经济利益和政府发展经济的需求互相成就，故而地方政府想尽一切办法支持企业的项目，为了可以争取到一些项目落户本地，地方政府还会利用税收、土地等优惠政策来吸引企业的投资。但这些优惠政策在一定程度上降低了企业的进入障碍，使行业有效竞争不足，市场过度膨胀，引发产能过剩。

6.5 去产能的实现路径

为积极稳妥地化解产能，2016 年国家相继出台了国发 6 号和 7 号文件，从两个文件看，对钢铁和煤炭行业去产能均提出了具体的量化指标，同时也相继出台了各行业去产能的政策。总体来看，去产能的实现路径主要有三个方面。

6.5.1 发挥市场、金融手段作用稳妥处置僵尸企业

僵尸企业一方面生产效率低下，妨害市场秩序，不断增加实体、信贷资源浪费，加剧产能过剩；另一方面又吸纳了众多就业人口。处置僵尸企业成为化解过剩产能的重要抓手。

第一，提供处置僵尸企业的制度保障。据统计，获得过政府补贴或信贷补贴的僵尸企业历年都接近九成，政府和银行提供的补贴对僵尸企业的能量补给，是僵尸企业没有退出市场、继续浪费资源的根本原因。各级政府和金融机构减少对僵尸企业、长期亏损企业的各种政策和补贴是清理、处置僵尸企业的基本前提，这样就可以迫使其股东或债权人去改进僵尸企业经营绩效，或者理性地退出市场。此外，政府还要建立处理僵尸企业的

制度环境。政府要构建、强化制度基础为债权债务人清理僵尸企业的操作提供便利、消除障碍，为企业的运转提供制度基础，为市场规则的正常运转保驾护航。

第二，坚持针对僵尸企业的不同特点采取兼并重组、资产整合、创新管理发展、关闭破产等不同方式进行精准处置。一是通过鼓励社会优质资本以产权转让、资产置换、资产收购等方式参与其中，使社会各类资本投资、运营公司及各类资产平台将优质资产或主营业务注入有活力和较强盈利潜力的僵尸企业使其重新获得发展机会。二是引入战略投资，增加创新投入，塑造企业的竞争力，推动企业自身的技术、制度、激励、管理、业态创新，加速企业转型升级发展。三是关闭破产不符合国家产业政策、环保政策的企业以及没有重组价值的企业。

第三，通过金融运作完善各类金融对接平台，盘活僵尸企业资产。各级政府行业部门通过积极搭建各类资本对接平台，鼓励各类社会和国家资本通过股权置换、收购等方式参与兼并重组。广泛搭建金融运作平台的对接，帮助暂时性陷入困境的僵尸企业从社会募集资本，包括产权交易平台、基金平台、社会各类资本投资运营平台等。合理利用各类金融工具和信贷政策，设立企业应急转贷专项资金，帮助暂时性资金短缺的僵尸企业解决临时性困难。最关键的是，应对不同类型的僵尸企业采取差别化金融信贷政策。

第四，发挥政府作用，妥善处理职工安置。以政府为主做好下岗职工的社会保障和社会福利工作，相关部门制定切实可行的员工分流安置政策，建立健全社会保障体系，完善失业保险和社会救济制度，保障失业员工的基本生活，保证社会稳定。

6.5.2 加快技术创新和产业转型升级

产能过剩的行业存在产品低端化、同质化引起的过度竞争，去除过剩产能能够更好地抑制困难行业的重复性、浪费资源的低效率投入，为高端产能提供资源以及市场空间。去除过剩产能可以通过创新驱动，将制造业、基础工业朝着高端生产领域推进，完成产业的转型升级。在转型改造过程中，传统要素对企业的效益和创新发展的推动作用愈发薄弱，相反，知识和信息之类的高端要素变成了驱动产业升级的主要因素，因此，要转变传统的思路，增加科研的投入，提高科技的含量。例如，支持平板玻璃行业的生产线和技术的升级改造，对功能性玻璃的市场进行开发，支持玻璃深加工产品的制造和运用伸展到能源、装饰、环保、电子和国防航天之类需求空间较大的、更持久性的发展产业领域；对汽车企业进行自主研发设计升级以及对生产工艺流程改造进行引导，促进高技术汽车以及乘用车设备专业化能力提升。

同时，发挥中央、地方、行业协会化解过剩产能的战略与规划的导向作用，通过不断推进创新驱动科技，促进传统产业转型升级、延长产业链，加快新兴产业发展，最终实现产业结构调整与转型升级。

6.5.3　综合发挥政府、市场作用，稳妥推进去产能

第一，改革调整地方政府考核机制。当前，国家对地方政府的考核仍然建立在 GDP 绩效指标和财税指标上。过剩和落后产能涉及的企业有些是地方政府发展经济依靠的支柱企业，仍是地方财政收入的重要来源，去产能势必影响到地方政府的相关利益。如果不改变当前的考核体系，就不能坚定地方政府的去产能决心，增加去产能工作的困难。尽管中央已经认识到这个问题，但在政策层面上需要尽快落地。

第二，科学合理解决企业债务问题。过剩产能企业往往背负着大量的债务，去产能过程中的债务问题会引发债务违约和纠纷，会导致商业银行的不良贷款增加，这些问题如果不能科学合理地解决，一旦传导到金融市场，会大大增加金融风险。因此，去产能要综合考虑建立配套的金融政策，协调处

理大规模债务问题。

第三，优化行业结构，提高行业集中度。推进去产能工作以来，宝钢和武钢实现了合并重组，提高了中国钢铁行业集中度，能更好地凝聚力量，提高整个钢铁行业的竞争力。煤炭行业的国电集团和神华集团重组也进行完毕，中国主要煤炭产区省份的煤炭企业以及中央煤电企业的兼并重组、煤电联营也同时在努力推动中。但钢铁行业及煤炭行业格局表现为大、中、小型企业共存的状态，并且中小企业占多数，大而全、小也全。尽管政策导向上已经发挥了作用，但绝大多数中小企业对政策并无反应，而这些中小企业因产业规模及经济实力在生产中表现为缺乏创新、缺乏活力。优化行业结构，提高行业集中度工作需扎实推进。

第四，加快推进生产要素市场改革。要建立一个能够保证生产要素的价格开放、竞争的市场机制，对天然气、水电、石油之类的资源产品以及资源垄断领域的价格进行改革，让其真实反映市场的供需变化。与此同时，对金融市场进行改革，明确金融行业的准许进入和退出的规则，使市场对金融资源进行有效的配置。

第五，做好企业职工安置工作。去产能工作要把人员安置问题作为重要的问题处理好。职工安置是去产能中的重要一环，环环紧扣，做好了社会人心稳定，才能更好地推进去产能。一方面，职工可以自主创业就业。《人口与劳动绿皮书：中国人口与劳动问题报告 No.18——新经济新就业》显示，2017 年在滴滴平台上工作的煤炭、钢铁去产能职工已经达到 35.2 万人，占人社部预计分流安置 180 万人员中的 19.6%。这份报告的结论显示，越是煤炭、钢铁去产能任务重的地区，煤炭、钢铁行业职工加入当地滴滴等网约车平台的比例就越高。另外可以通过政府和政策层面进行安置，比如失业人员补偿、再就业培训、创业的指导等方面仍需要着力推进和解决。

第7章 去库存路径分析

去库存可以有广义和狭义的理解。为了方便,本书主要从狭义角度即房地产去库存进行分析。高库存对国民经济的平稳运行和高质量发展具有重大威胁,突出表现在银行体系乃至整个金融体系的信用风险、对地方政府财政的重大负面影响和房地产业投资的巨大损失。房地产去库存成为推进供给侧结构性改革的重要任务之一。

7.1 房地产市场供给需求分析

7.1.1 需求分析

7.1.1.1 一般性住房需求

房地产市场供需的最大问题来源于住房市场,住房需求主要来源于现有人口的改善性需求、新增人口的住房需求和拆迁改造性需求。

第一，改善性需求。国家统计局2017年7月发布的《居民收入持续较快增长 人民生活质量不断提高》报告显示，2016年全国居民人均住房建筑面积为40.8平方米，城镇居民人均住房建筑面积为36.6平方米，农村居民人均住房建筑面积为45.8平方米。《2012年中国统计年鉴》的数据显示，当年城镇和农村居民人均住房建筑面积分别为32.9平方米和37.1平方米。从数据增长看，2016年城镇和农村居民人均住房建筑面积比2012年分别增长了11.2%和23.5%。而城镇居民人均可支配收入名义增长率为39.3%，实际增长率为28.6%，农村居民人均可支配收入增长更快，住房需求增速远低于可支配收入增速。从国际对比看，北京大学中国社会科学调查中心的一份报告显示，美国的人均住房面积为67平方米，英国和法国分别为35.4平方米和35.2平方米，中国与美国差距较大，与其他发达国家大体相当。但从人均GDP水平看，中国仅仅处于中等收入国家水平，相当于中国居民改善性住房的需求已经提前满足。

第二，新增人口需求。随着城镇化进程的推进，全国新增城镇人口呈下降趋势，已从年均增加2 000万人下降到2015年的1 800万人。预计"十三五"期间每年新增城市人口1 750万人（陈杰，2015）。按照新增人口每人购买或者租赁20平方米房屋计算，每年可去化3.5亿平方米新增商品房。考虑到新增城市人口的收入和房价上涨因素，实际购买能力低于20平方米，去化过剩库存能力将受到限制。

第三，拆迁改造需求。中国新增住房多数以近几年增加为主，2012年年末全国商品房待售面积为3.93亿平方米，2015年年末达到近几年峰值，为6.74亿平方米。据测算，存量住房中10年以内的占50%左右，20年以内的约占90%，需要拆迁改造的住房估算最多为总量的5%左右，大约每年去化2亿平方米住宅。综合以上情况推算，"十三五"期间中国城镇居民每年的住宅房去化能力约为9.5亿平方米。另据测算，"十三五"期间住房新增总需求约为45亿~50亿平方米（陈杰，胡明志，2015）。

7.1.1.2 投机性需求

据房地产市场研究部统计数据显示,以 2012 年为例,整体购房者以自住型为主,约占 70% 左右,包括首次置业和改善性住房,但仍有约 30% 为投资性购买,且部分一线城市楼盘投资投机性购房比例高达 30%~40%。投机性购房推动了房价的非理性上涨,造成房地产业的不健康发展。21 世纪不动产研究指出,2011 年如果在北京房地产市场投资购房用于投机性盈利,亏损或被套牢的概率高于 61%,盈亏平衡的只有 11%,能够获得收益的仅有 28%。

关于投机性购房需求的数据统计存在较大困难,但的确成为影响房地产行业健康发展和房地产去化库存必须考虑的重要因素。

7.1.2 供给分析

第一,房地产市场投资。长期以来,中国的经济增长主要依靠投资拉动,并且在很大程度上依靠房地产投资拉动。据中国人民大学发布的《宏观政策评价报告 2017》,如果没有房地产的繁荣和"超常"拉动效应,2016 年中国经济增速将从 6.7% 降至 6.37%。同时,房地产一直是各级政府"稳增长"的关键举措,各级政府投资房地产乐此不疲。

如图 7-1 所示,从 2011—2017 年全国房地产开发投资情况看,除东北地区呈现负增长外（2017 年首次出现正增长),其余区域均呈现正增长,其中东部地区投资数额大、增长快。

如图 7-2 所示,从房地产开发投资占固定资产投资比例看,东部地区占比较高,一度超过 25%,随着房市调控政策的出台,各区域投资比例均呈现下降趋势。一方面总体上各区域分布不均衡,各城市间分布也不平衡。数据显示,北京房地产投资占固定投资的比例达到 61.53%,上海达到 59.5%,海口达到 52.3%。造成这一现象的原因在于经济发展阶段和产业结构的不同，东部发达城市在投资领域只有房地产仍有比较大的投资空间。

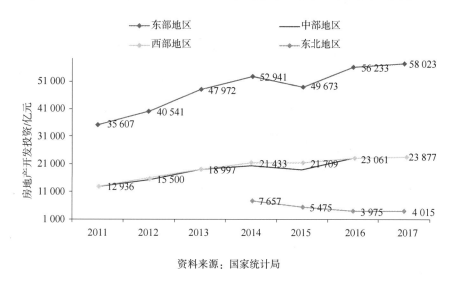

资料来源：国家统计局

图 7-1　2011—2017 年全国各区域房地产开发投资

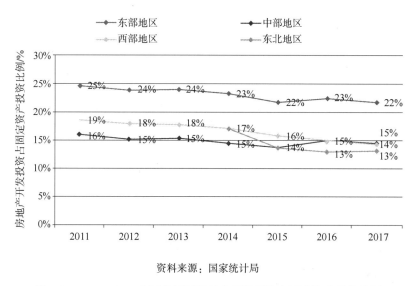

资料来源：国家统计局

图 7-2　2011—2017 全国各区域房地产开发投资占固定资产投资比例

第二，受房地产价格上涨因素影响，主要是土地价格攀升，土地供应增加，房地产库存大量增加。如图 7-3 所示，2016 年受房地产调控政策收紧影响，当年房地产开发企业土地购置面积增速为 -3.4%，2017 年 1—2 月增速为 6.2%，全年增速为 15.8%。

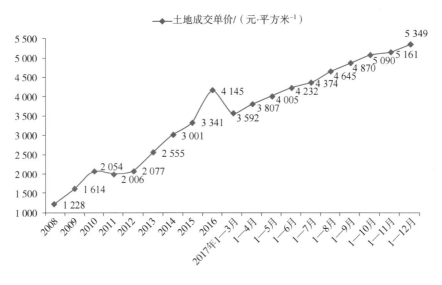

资料来源：国家统计局

图 7-3　2008—2017 年全国土地成交单价

第三，房地产市场投资的较快增长导致了库存量的不断增加。如图 7-4 所示，2015 年全国商品房库存达到峰值。2015 年全国商品住宅新开工面积为 10.54 亿平方米，这就意味着每年将有至少 1 亿平方米的住房出现过剩。而 2015 年商品住宅总库存已经达到 34 亿平方米。各方数据显示，房地产供应总体大于需求。

7.1.3　供求均衡分析

通过以上分析发现，中国房地产市场当前总体处于供给大于需求的状况，在总体市场上呈现较大库存量，难以短时间去化。同时在区域分布上呈现结构性供需不平衡：一、二线城市库存压力不大，仍有一定需求空间；三、四线城市房地产供给大于需求，库存压力较大，去化周期较长。

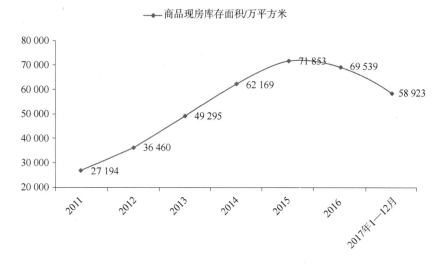

资料来源：国家统计局

图 7-4　2011—2017 年全国商品现房库存面积

7.2　房地产市场去库存的实证分析

7.2.1　模型构建

第一，房地产库存压力指数构建。为了说明国内各地域房地产库存压力，本书借鉴王先柱、吴义东（2016）的研究，构造房地产库存压力指数 pressure，公式如下：

$$\text{pressure} = \frac{E(\text{price}) - \text{price}}{\text{price}} \tag{7.1}$$

式中，E(price) 表示房地产市场的均衡价格，即是房地产供应量与房地产需求量相等时的价格。从构造的房地产库存压力指数公式不难看出，该指数较零越大,说明房地产市场的均衡价格与房地产实际价格偏离程度越高,房地产市场出现供过于求,房地产库存压力比较大;反之,该指数较零越小,房地产市场出现供不应求,房地产库存压力越小。

第二,房地产供给测度。根据科布道格拉斯生产函数,可以将房地产供给看作房地产投资、土地购买量和房地产从业人数三者的函数,并设为如下形式:

$$\text{supply} = A\text{invest}_1^{\alpha} \text{land}_2^{\alpha} \text{labor}_3^{\alpha} e_1^{\mu} \tag{7.2}$$

将式 7.2 两端进行线性化处理,可得如下公式:

$$\ln(\text{supply}) = \ln(A) + \alpha_1 \ln(\text{invest}) + \alpha_2 \ln(\text{land}) + \alpha_3 \ln(\text{labor}) + \mu_1 \tag{7.3}$$

式中,supply 选取的是新建住房竣工面积,invest 选取住房投资额,land 选取购置土地面积,labor 选取的是房地产从业人员数量。A 和各 α 为待估参数,μ_1 为随机误差项。

第三,房地产需求测度。西方经济学指出,影响商品需求的最主要因素为商品的价格及消费者的收入。因此,构建以房地产需求量为被解释变量,以房地产价格和居民可支配收入为解释变量的二元线性回归方程,形式如下:

$$\text{demand} = \beta_0 + \beta_1 \text{price} + \beta_2 \text{income} + \mu_2 \tag{7.4}$$

式中,demand 表示房地产需求量,price 表示住房平均销售价格,income 表示城市人均可支配收入,μ_2 表示随机误差项。

第四,房地产市场的均衡价格。当房地产市场的需求和供给相等时,均衡价格便可决定。因此联立式(7.2)和式(7.4),可得:

$$E(\text{price}) = [A\text{invest}_1^{\alpha} \text{land}_2^{\alpha} \text{labor}_3^{\alpha} e_1^{\mu} - (\beta_0 + \beta_2 \text{income} + \mu_2)]\beta_1 \tag{7.5}$$

7.2.2 实证分析

鉴于王先柱、吴义东(2016)已经根据 2000 年到 2013 年全国 35

个大中城市房地产数据对全国东部、中部、西部房地产的库存压力做了研究，本书主要选取 2015 年到 2017 年《中国统计年鉴》和《中国城市统计年鉴》的相关指标数据，对全国房地产库存压力做深入研究。本书实证分析的思路是，利用 2014 年到 2016 年全国房地产市场相关数据，分别进行房地产供给函数和需求函数拟合，得到待估参数，根据通过检验的拟合方程估算房地产均衡价格，进而计算出各城市的房地产库存压力指数。

第一，房地产供给回归分析。经过霍夫曼检验，构建面板数据的随机效应模型，并得到如表 7-1 所示的回归结果。

表 7-1　35 个大中城市分地区房地产供给回归拟合

项目	东部	中部	西部
ln（invest）	0.416	0.373	0.336
	(0.03)	(0.03)	(0.03)
ln（land）	0.192	0.110	0.097
	(0.04)	(0.04)	(0.04)
ln（labor）	-0.018	-0.267	0.083
	(0.05)	(0.04)	(0.04)
cons	-1.113	-0.092	0.291
	(0.43)	(0.41)	(0.41)
N	48	24	33

注：括号内为标准差，且各参数均至少在 10% 的水平下显著。

根据表 7-1 中的参数，可以得到全国 35 个大中城市东部、中部和西部的房地产供给模型，如下所示：

$$\text{east supply} = e^{-1.113} \text{invest}^{0.416} \text{land}^{0.192} \text{labor}^{-0.018} \tag{7.6}$$

$$\text{middle supply} = e^{-0.092} \text{invest}^{0.373} \text{land}^{0.110} \text{labor}^{-0.267} \quad (7.7)$$

$$\text{west supply} = e^{0.291} \text{invest}^{0.336} \text{land}^{0.097} \text{labor}^{0.083} \quad (7.8)$$

第二，房地产需求回归分析。在进行房地产需求回归方程拟合时，考虑到二元回归方程中自由度因素，不能只选取2014—2016年数据，因此选取2010—2016年的数据。同样利用霍夫曼检验，构建面板数据的随机效应模型，并得到如表7-2所示的回归结果。

表7-2 35个大中城市分地区房地产需求回归拟合

项目	东部	中部	西部
price	-0.069	-0.067	0.183
	(0.01)	(0.03)	(0.05)
income	0.040	0.059	0.015
	(0.01)	(0.01)	(0.02)
cons	343.65	-57.63	-96.7
	(139.54)	(69.76)	(219.61)
N	64	32	44

注：括号内为标准差，且各参数均至少在10%的水平下显著。

根据表7-2中的参数，可以得到全国35个大中城市东部、中部和西部的房地产需求模型，如下所示：

$$\text{east demand} = 343.65 - 0.069 \text{price} + 0.040 \text{income} \quad (7.9)$$

$$\text{middle demand} = -57.63 - 0.067 \text{price} + 0.059 \text{income} \quad (7.10)$$

$$\text{west demand} = -96.7 + 0.183 \text{price} + 0.015 \text{income} \quad (7.11)$$

第三，房地产均衡价格的测量。根据式（7.5）~式（7.11），可以推算出全国东部、中部、西部的房地产均衡价格表达式，如下所示：

$$E(\text{east price}) = [e^{-1.113}\text{invest}^{0.416}\text{land}^{0.192}\text{labor}^{-0.018} - (343.65 + 0.040\text{income})] - 0.069 \quad (7.12)$$

$$E(\text{middle price}) = [e^{-0.092}\text{invest}^{0.373}\text{land}^{0.110}\text{labor}^{-0.267} - (-57.63 + 0.059\text{income})] - 0.067 \quad (7.13)$$

$$E(\text{west price}) = [e^{0.291}\text{invest}^{0.336}\text{land}^{0.097}\text{labor}^{0.083} - (-96.7 + 0.015\text{income})] + 0.183 \quad (7.14)$$

本书分别选择广州市、合肥市、成都市等地区，分别作为东部城市、中部城市和西部城市的代表，根据式（7.12）~式（7.14），分别测算以上代表城市的房地产均衡价格，并结合房地产实际价格，得到如表 7-3 所示的代表城市房地产实际价格、均衡价格及库存压力指数的对照表。

从表 7-3 可以看出，广州、合肥、成都 2014—2016 年的房地产价格逐年上升，且房地产均衡价格均高于实际价格，计算的库存压力指数均为正数，表明以上城市均存在房地产库存压力。同时从表 7-3 还可以看出，2014—2016 年的平均库存压力由高到低分别为广州、成都、合肥，符合目前对一、二、三线城市库存压力的基本判断，三、四线城市去库存压力最大，二线和一线城市相对较小。

表 7-3 代表城市房地产实际价格、均衡价格及库存压力指数对照表

年份	广州			合肥			成都		
	均衡价格/元	实际价格/元	库存压力指数	均衡价格/元	实际价格/元	库存压力指数	均衡价格/元	实际价格/元	库存压力指数
2014	19 617	15 719	0.25	12 448	7 157	0.74	11 553	7 032	0.64
2015	18 351	14 083	0.30	13 272	7 512	0.77	10 553	7 032	0.50
2016	22 112	16 346	0.35	15 119	9 369	0.61	12 632	7 504	0.68

7.3 存在的主要问题

7.3.1 房地产库存现状

第一，房地产总库存量大，三、四线城市尤为突出，库存呈现结构性过剩。根据国家统计局房产市场相关数据，2015年年末，全国商品房待售面积7.18亿平方米，同比增长15.6%；全国新建商品房销售面积12.85亿平方米，同比增长6.5%，折算去化周期为6.7月。但其中现房销售3.17亿平方米，期房销售9.68亿平方米，待售房转化为现房销售的去化周期需要27月，大大高于标准合理去化周期。三、四线城市库存量极大，2013—2016年楼市繁荣时期，开发商大批涌入三、四线城市，全国13.6万家房企中90%集中在三、四线城市。

第二，房地产泡沫已经形成。房价-收入比指标指的是家庭的住房价格除以年收入的比值，这个指标的值一般应在3~6，但中国国内一线城市家庭的房价-收入比指标已远远超过了10。房价-租金比指标指的是一个地区房产的单位面积租金除以单位面积房价的比值，该比值在1/300以下就意味着该城市存在着房地产泡沫。而中国相对发达的大城市的房价-租金比指标已经低于1/500，可见，中国相对发达的大城市已经存在房地产泡沫。

第三，造成房地产库存的根本原因是以房地产投资推动城镇化的发展模式。中国城镇化发展模式过度依赖土地融资和房地产开发，土地的供给特征和跨期分配效应导致宏观风险增加。这种模式阻碍了城镇化进程，农村人口难以有效进城安居，也增加了地方政府债务负担，影响了对经济的拉动效应，最终导致国家实体经济陷入高杠杆的困境。同时，土地融资的城镇化模式导致房地产行业增速过快，2008至2013年的5年间，全国房地产新开工商品房面积由 9.7 亿平方米猛增到 20.1 亿平方米，5 年翻了一倍，导致供过于求，供需失衡。

第四，资源配置不当是造成高库存的重要根源。土地是房地产开发的重要资源，但是一方面土地供应主体是地方政府，具有垄断性，土地供应行为异化，不能够真正遵循市场机制——价格高时多供应、价格低时少供应，往往根据主观愿望或者政绩追求供应土地，影响了市场供需关系平衡，造成了房地产热潮时的大量供应，导致了房地产库存过剩；另一方面，土地市场发育不全，城乡土地分割，农村土地难以有效适应城镇化需求，在计划手段、垄断主体下土地资源配置严重僵化和缺乏弹性，导致土地资源的空间配置严重不当，刺激产生房地产高库存。

7.3.2　房地产去库存

衡量房地产去库存效果的重要指标是库存去化周期（也称"存销比"），其计算一般采用当月新建商品住宅库存面积/近 6 个月销售面积的移动平均值，一般意义上认为，18 个月为标准的合理去化周期。

第一，总体上去化周期显著缩短，但仍高于标准合理周期。随着房地产去库存任务推进，库存去化取得显著效果，虽然受政策影响有所波动，但消化周期明显加快。

如图 7-5 所示，从狭义库存来看，2017 上半年全国商品房待售面积同比下降了 9.52%，去化周期缩短为 4.62 月，同比和较上年末分别缩短了 1.39 月和 0.68 月。

如图 7-6 所示，从广义库存来看，截至 2017 年 6 月底，总库存为 65.01 亿平方米，去化周期为 46.51 月，同比和较上年末分别缩短了 8.17 月和 26.3 月，但仍远高于 18 个月为标准的合理去化周期上限。如果延续上半年商品房销售增速较去年同期大幅下降的趋势，房地产高库存的状况可能还将存在较长一段时期。

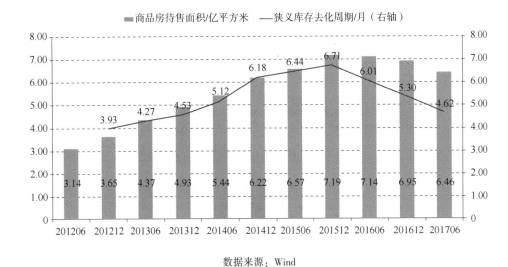

数据来源:Wind

注:狭义库存=商品房待售面积/近12个月平均销售面积

图7-5　2012—2017年狭义库存及去化周期

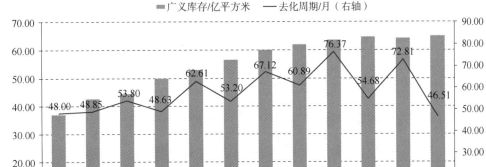

数据来源:Wind

注:广义库存=历年累计房屋新开工面积-历年累计商品房销售面积+商品房待售面积;2017年上半年广义库存=(1996年至2017年6月累计房屋新开工面积)-(1996年至2017年6月累计商品房销售面积)+2017年6月商品房待售面积;广义去化周期=广义库存/近12个月平均销售面积

图7-6　2011—2017年广义库存及去化周期

第二，从去化结构上看，非住宅去化周期快，但压力仍然较大。如图 7-7 所示，从狭义库存来看，截至 2017 年 6 月底，住宅、非住宅去化周期分别为 2.91 月、15.70 月，同比分别缩短了 1.27 月、3.46 月，较上年末分别缩短了 0.60 月、2.04 月，非住宅库存压力远超住宅。

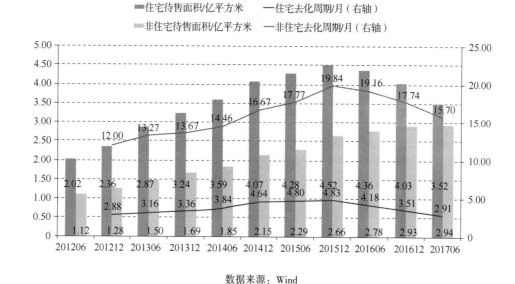

数据来源：Wind

图 7-7 2012—2017 年住宅、非住宅狭义库存及去化周期

如图 7-8 所示，从广义库存来看，截至 2017 年 6 月底，住宅、办公楼、商业营业用房去化周期分别为 20.73 月、90.77 月和 140.50 月，同比分别缩短了 5.91 月、24.96 月和 21.04 月，较上年末分别缩短了 1.46 月、10.99 月和 9.60 月。住宅库存略高于 18 个月为标准的合理去化周期上限，而办公楼和商业营业用房库存远高于 18 个月为标准的合理去化周期上限。

第三，从去化区域上看，二线城市库存去化周期缩短，一、三线城市库存去化周期延长。由于受到房地产调控政策的影响，截至 2017 年 6 月底，一线城市商品房累计销售面积和累计新开工面积同比分别下降了 25.46% 和 6.03%，二、三线城市商品房累计销售面积和累计新开工面积的增长率也大幅低于去年同期水平。如图 7-9 所示，2017 年 6 月，一、二、三线城市广义库存分别为 1.38 亿平方米、6.26 亿平方米和 2.03 亿平方米，较上年末分别增加 0.14 亿平

第7章 去库存路径分析

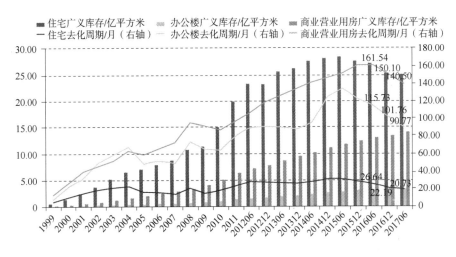

数据来源：Wind

图 7-8　1999—2017 年住宅、办公楼、商业营业用房广义库存及去化周期

方米、0.38 亿平方米和 0.03 亿平方米；去化周期分别为 26.44 月、16.17 月和 24.26 月，较上年末分别延长了 5.38 月、延长了 0.54 月和缩短了 1.22 月。一线和三线城市库存仍然高于 18 个月为标准的合理去化周期上限，而二线城市库存略低于 18 个月为标准的合理去化周期上限。

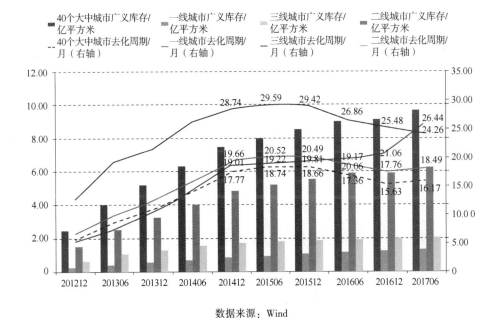

数据来源：Wind

图 7-9　2012—2017 年一、二、三线城市广义库存和去化周期

说明：分区域待售面积无法获得，因此广义库存=历年累计房屋新开工面积-历年累计商品房销售面积。如，2017年上半年一线城市广义库存=（2012年至2017年6月累计一线城市房屋新开工面积）-（2012年至2017年6月一线城市累计商品房销售面积）。

7.4 房地产去库存的实现路径

7.4.1 发挥政府作用积极去库存

发挥政府职能能够在短期内实现对房地产库存的优化调整，这些调整包括去化库存、控制增量库存和平衡库存区域结构等。

第一，采取政策工具积极推进去库存。政府的政策工具特别是货币政策和信贷政策能够直接影响购房行为，当政府采取宽松的货币政策、较低的购房贷款利率甚至采取购房补贴政策时，能够直接刺激具有购房欲望者的购买行为，在短期内达到消化房地产库存的目的。根据当前中国居民部门杠杆率看，居民具有一定的加杠杆空间，可以适当放松购房信贷约束，促进居民购房。当然宽松的货币政策工具不仅刺激一般性住房需求者购买，同时也刺激投机性购房者购买，因此，施策的同时必须配套使用限制和打击投机性购房者购买的措施。

第二，实施房地产价格调控。房地产价格长期看要由市场供需决定，但短期内为促进房地产去库存，必须采取必要手段限制高房价地区房价，使房价与居民购买力处于合理的范围和空间。同时合理控制土地价格，从开发源头上调控房地产价格，促进市场交易行为。

第三，改革政府绩效考核机制。地方房地产大量投资可以较好地拉动经济增长，成为地方政府重要的施策举措，但造成了房地产供给过剩。必须改革地方政府绩效考核机制，剥离房地产投资拉动经济增长形成的绩效，取而代之是把地区合理的房地产供需市场状况、居民刚需住房需求的满足程度作为重要指标，这样有助于发挥政府合理适度的调控作用。

第四，因城施策、因地制宜去库存。根据前面的定性和实证分析显示，房地产库存呈现地区间、城市间巨大的差异，去库存绝不能"一刀切"，必须根据不同城市、不同地区的差异制定和执行不同的政策，确保科学去库存。

7.4.2 完善市场体制机制合理调库存

房子是用来住的，不是用来炒的，去化房地产库存，重要的是要调节房地产市场供给，首先满足居民住房需要。对于一线城市仍然有旺盛需求的区域要加大土地供给；对于大量进城农民工要加强租购结合的房屋供给，加强金融体系改革力度，确保农民工有能力买房租房；对三、四线城市库存压力较大的区域要推进就地城镇化等举措，加强去化力度，同时通过市场机制提高地价，控制房地产过快增长。总之，去化房地产库存要多措并举，坚持供给满足需求，要努力形成灵活的市场机制。

同时要完善机制，科学监测去化周期，稳妥推进库存去化进程。从去化周期看，中国房地产去库存总体去化周期在缩短，但去化周期存在明显的区域性、结构性不同，去化库存坚持分类调控，因城因地施策，形成"宽、严"结合的不同限贷、限购政策；保持货币政策适度灵活，为稳步去化库存创造良好的金融环境；建立去化周期的科学监测判断机制，根据不同区域、不同结构的特点及时做出判断，采取措施。

7.4.3 借鉴国际经验稳妥控库存

当前,中国房地产市场局部已经形成泡沫,急于求成的"刺泡沫"会引发巨大风险,不加控制地任其发展会造成更大的潜在威胁。日本房地产泡沫破裂的教训对科学推进中国式房地产挤泡沫具有重要借鉴意义。

第一,日本房地产泡沫破裂的教训。日本房地产快速增长始于1969年,到1992年的24年间日本六大都市平均地价指数从23.8上涨到218.5,涨幅达到9倍多,商业地价涨幅更是超过了10倍。伴随地价的大幅上涨,收益率从1983年开始上升,到1986年飙升到1983年的7倍,达到280%,到1987年更是达到440%,土地价格上涨带动了住宅价格的持续走高,资本收益也同步疯狂上涨。房价收入比也迅速攀升,1990年最低的城市为7倍,东京市最高,一度高达20倍。这种扭曲的价格机制掩盖了土地作为生产要素的属性,资产的属性成为土地定价时更多考虑的因素,地价的飞涨,进而导致土地资产占国家财富比例的大幅攀升。受日本国内低利率、金融自由化、日元升值预期和流动性过剩的因素诱导,大量的外围资金涌向日本投资房地产,造成了房地产市场的大量过剩。为了控制土地价格,达到迅速挤泡沫的目的,从1989年5月开始日本政府转向紧缩政策,利率从原来的2.75%迅速提高到6%,受此影响,日本股市从1990年起开始下跌,1992年8月19日日经指数一度下跌至14 650点,跌去了67%左右。东京房地产价格从1991年开始一直下滑到1997年,价格指数从1993年的350下降到1997年的96.3。住宅用地价格指数下降明显,地价下降迅速,1996年商业用地价格下跌了20.3%,1997年再跌14.8%。最终日本泡沫经济崩溃,经济进入了持续衰退期。

第二,借鉴日本房地产泡沫破裂的历史经验,要科学推进中国房地产挤泡沫,科学去化房地产库存,边挤泡沫边防泡沫。首先要在人民币升值的道路上，研究选择一条适合中国国情的升值道路，审慎估计人民币汇率升值对中国经济发展的影响；其次扩大内需切忌抬高国内的生活、生产成本水平，引发房地产泡沫和通货膨胀问题，应尽量避免因国家宏观战略的调整而造成资产泡沫的产生；再者在外围经济恢复缓慢、国内经济中高速增长、人民币升值预期较强的情况下，应采取稳健的财政政策和货币政策；最后从国家战略角度加强引导和调控，完成中国发展战略性新兴产业和产业结构转型升级目标。

第8章

去杠杆路径分析

当前，中国经济杠杆率显著偏高，杠杆过高不仅容易使企业陷入债务危机，也会增加金融市场的系统性风险与政府部门风险发生的概率。虽然居民部门尚有很大的加杠杆空间，为其他部门去杠杆的转移提供空间，但消化债务和过剩产能的去杠杆工作仍是重点，"降杠杆""稳杠杆"将是当前经济工作的重要任务，成为降低系统性风险的有效途径。本章在深入分析中国各经济部门杠杆的现状和高杠杆的成因基础上，对中国经济未来去杠杆的路径选择提出合理建议。

8.1 中国宏观经济杠杆现状分析

8.1.1 宏观经济总杠杆

宏观经济杠杆分为两类：一是金融杠杆，二是实体杠杆或非金融部门杠杆。前者主要指金融部门的金融机构相互间的债务状况，后者则包括企业部门、政府部门和居民部门的债务负担。本节首先对总体杠杆率情况进行比较分析。

首先，从总体情况（如图8-1所示）看，中国非金融部门的总杠杆自1995年起至2017年总体呈上升趋势，自2008年世界金融危机以后，上升速度加快，2008年12月为141.3%，略高于巴西和印度等新兴市场经济体的水平，到2017年6月，仅仅不到10年的时间就上升到255.9%，达到美国和欧元区等发达经济体的水平。比较来看，欧元区仅从231.8%上升至262.8%，巴西从119.2%上升至143.7%，美国仅从240.1%上升至249.5%，而印度则从128.5%下降至124.0%。

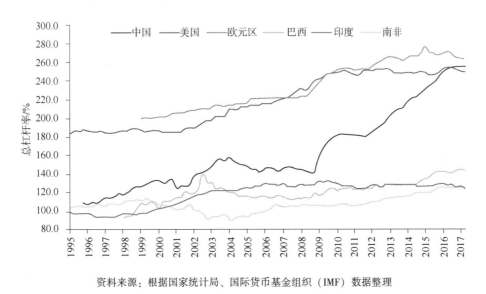

资料来源：根据国家统计局、国际货币基金组织（IMF）数据整理

图8-1 非金融部门总杠杆率的国际比较

其次，从非金融各部门的情况（如图8-2所示）看，2008年12月至2017年6月，中国非金融部门总杠杆率上升了114.6%，其中非金融企业部门上升了67.1%，居民部门上升了28.9%，政府部门上升了18.6%，非金融企业部门成为拉动总杠杆上升的主要因素，非金融企业部门对总杠杆率上升的贡献率高达近60%。

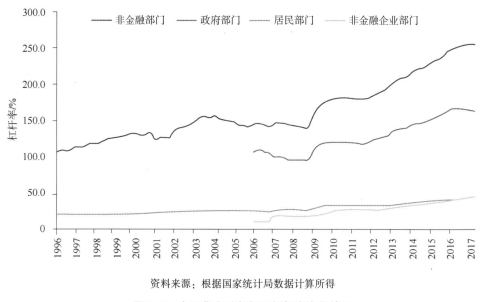

资料来源：根据国家统计局数据计算所得

图 8-2　中国非金融各部门杠杆率变化情况

从变化趋势还可以看出，自 2016 年以来，中国总杠杆率上升趋势明显变缓，非金融企业部门杠杆率放缓趋势更加明显，主要由于中国实施供给侧结构性改革以来去杠杆工作自 2016 年取得明显成效，杠杆率的稳定为后续去杠杆工作奠定了良好的基础。

8.1.2　企业部门杠杆

第一，中国实体杠杆主要集中在企业部门。作为国民经济的主角，企业是实体经济的根本所在，实体杠杆主要集中在企业部门。2017 年实体部门杠杆总量达到 275%，其中企业部门的占比高达 57%，杠杆率为 159.3%。2009 年 1 月起到 2017 年 6 月，实体经济三个部门的杠杆率升高 115%，其中企业部门占比达到 58%，升幅高达 66%。2016 年的统计数字表明，截至年底，企业部门的总杠杆率为 145%，负债合计达到 107 万亿元，与 2009 年相比，企业部门杠杆显著升高。2017 年国有企业负债在企业部门负债中占比达到 74%，国有企业的杠杆率是非金融企业部门中最高的部门，国有企业去杠杆是实体部门去杠杆的重中之重。

第二，横向国际比较，中国企业部门总杠杆率最高。如图8-3所示，在全球主要经济体中，中国企业部门总杠杆率最高，达到163.4%，高于多数发达国家。美国企业部门杠杆率只有73.3%，欧盟为103.4%，德国仅为53.8%。同时，中国企业负债率也高于新兴市场国家，如金砖国家中的巴西、俄罗斯和印度均低于中国。而2008年世界金融危机爆发前，欧盟、韩国和日本的企业部门杠杆率均高于中国，2009年以来，中国企业部门杠杆率持续走高。

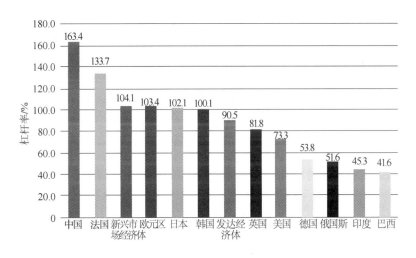

资料来源：根据国家统计局、国际货币基金组织（IMF）数据整理

图8-3 2016年企业部门杠杆率的国际比较

第三，政府行为导致企业降杠杆难。2008年世界金融危机后，中国政府先后出台促进经济快速增长的措施，如9.6万亿元的信贷投放计划和4万亿计划，都对依靠市场力量出清过剩产能造成延迟。在出清未及时实现的同时产能开启新的扩张阶段，产能扩张的直接结果是企业部门杠杆率的升高，2009年企业部门杠杆率是96%，而2010年就升至120%。两年以后，经济增势回落，下降的需求和企业扩张导致的产能集聚加重了企业部门的债务负担，为企业经营带来困难。本应通过市场机制调节进行产能出清，但地方政府为了保GDP、银行为了保贷款安全，两者的共同参与为国有企业特别是重化工企业的再融资提供了便利，导致企业杠杆抬升的同时

产能出清停滞、债务积累、经营愈发艰难，企业部门杠杆率从 2011 年的 119% 推高至 2016 年的 163%。

8.1.3 政府部门杠杆

政府部门杠杆率主要是指中央政府债务与地方政府债务之和与国内生产总值（GDP）之间的比值，政府债务的高低直接与政府部门杠杆率相关。其中，中央政府债务主要包括国债、政府支持机构债券和政策性银行金融债；地方政府债务则以地方政府应偿债和或有债务为主。

第一，中央政府杠杆率偏低。据中国财政部 2016 年年末相关数据显示，中国地方政府债务 15.32 万亿元，地方政府债务率为 80.5%，中央政府债务 27.33 万亿元，按 GDP 74.41 万亿元计算，中央政府债务负债率为 36.7%。2017 年第三季度中央政府债务是 13 万亿元，仅为上一年度国内生产总值的 17%。美国联邦政府杠杆率在 99% 左右，日本高达 200%，欧盟也超过 74%。中国中央政府的杠杆率增速也较低，2015 年仅为 11.43%，2016 年为 12.6%，2017 年未超过 11%。可见，中国中央政府债务规模较小，杠杆率偏低，低于主要市场经济国家和新兴市场国家水平，风险总体可控。

第二，地方政府杠杆率增速过快。审计结果显示，2010 年年末，中国地方政府债务高达 10.7 万亿元，其中近一半是 2008 年之前发生的债务或用于 2008 年之前在建项目的借款。2008—2010 年，地方政府总体债务水平增长近一倍。尽管 2011 年偿还了大部分到期债务，使当年地方政府债务仅增加 3 亿元，但从 2012 年起，地方政府债务激增，达到 16 万亿元，2013 年年末更增至 18 万亿元。2017 年地方政府债务达到 16.6 万亿元，地方债务置换率虽然达到 88%，但目前仍处于风险可控状态。

8.1.4 居民部门杠杆

与国际比较显示，中国目前居民部门并未受到高杠杆率的困扰，如图 8-4 所示。

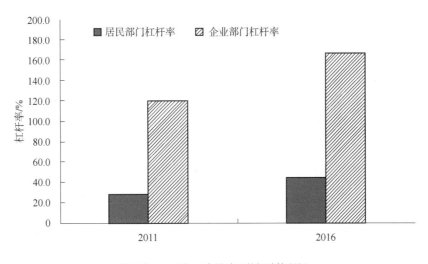

资料来源：根据国家统计局数据计算所得

图 8-4　2011 年与 2016 年企业部门与居民部门杠杆率比较（占 GDP 百分比）

  2017 年居民部门杠杆率达到 47%，与发达国家 75% 的水平相比仍然较低，但略高于新兴市场国家 38% 的平均水平，如图 8-5 所示。相比日本和美国发生金融危机时的 72% 和 98% 的水平，中国居民部门杠杆率仍处于较为安全的范围内。然而，自 2008 年以来，居民部门杠杆率进入一段较快的上升期，从 2008 年 18% 升至 2017 年的 47%，增速在全球各国排在前列。居民部门杠杆率等于居民部门整体债务水平与名义国内生产总值之间的比值，居民部门债务增长速度高时，杠杆率则偏高。2008 年以后，中国以房屋贷款为主的居民中长期消费贷款增速始终高于名义国内生产总值的增速。2017 年以来，由于两者之间的增速在不断收敛，因此居民部门杠杆率也处于不断下降的发展过程中。

  目前，房地产市场调控措施和商业银行房屋贷款限额正在日益发挥作用，同时伴随着贷款利率的升高，居民部门中长期消费贷款增速显著放缓。但是，由于当前短期消费贷款向房地产市场的转移受到国家政策的严格限制，同时在居民部门债务中，短期消费贷款的数量相对较少，因此不会对居民部门整体杠杆水平产生不利影响。

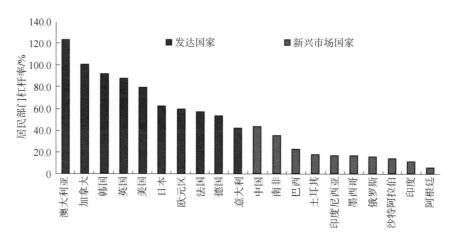

图 8-5　2017 年发达国家与新兴市场国家居民部门杠杆率比较（债务与 GDP 百分比）

8.1.5　金融部门杠杆

从宏观来看，过去几年为了稳定就业和增长，采取了一系列扩张性货币和财政政策。对于资不抵债的企业，扶助其继续经营而避免破产的压力非常大，尤其对于地方政府，其目标有时与金融部门去杠杆的任务相冲突。隐性担保普遍存在：银行经常补偿个人投资者的损失，而放款人认为亏损的国有企业或者金融中介机构会获得政府兜底。这些挑战都推高了金融部门杠杆率，加剧了金融机构的风险。

全球经济数据库 2016 年数据显示，中国银行业的资产总额达到 GDP 的 300%，股票和债券市场成为世界第二大和第三大市场，保险业仍处于快速增长时期，中小银行的理财产品、短期批发融资和非标信贷资产方面的增长异常迅猛。同时，一些企业贷款流向非银行金融机构，其中一些非银行金融机构不透明和相互关联度高，也与银行通过共同持股、融资或销售渠道高度关联。出于监管套利的非银行金融业和金融产品的激增，监管当局很难及时跟上形势的快速变化，所以其成为经济脱实向虚、金融部门高杠杆率的助推因素。

影子银行日益成为金融部门高杠杆率的重要推手。影子银行是常规银行体系之外的信贷中介机构，其开展的业务和承担的风险与传统银行具有很多相同之处，影子银行运营成本较低，能够为更多的金融边缘客户提供金融服务，有助于推动经济增长。但是这种灵活性和价格竞争优势却往往与其产生的高杠杆风险紧密联系在一起。影子银行的资本存量和流动性都远低于传统银行，运营的监管和限制较少，因此蕴含较高风险。当前，中国影子银行的信贷和其他金融业务活动主要包括委托贷款、信托贷款、同业代付、财富管理产品、小额贷款等。根据国际知名机构的估算，中国目前影子银行的总体规模约在35万亿~46万亿元，2013年年末，影子银行的规模约为25万亿元，约占中国国内生产总值的43%。如果影子银行的业务不能得到严格的监管，将会直接威胁到中国金融部门去杠杆工作的顺利开展。

中国信贷增速长期超过GDP增速，信贷存量过大，陷入金融部门高杠杆的概率高。企业债务与GDP的比率为165%，居民债务与GDP的比率5年内提高了15%，且与资产价格投机的关联性增强。传统行业信贷投放持续增加的同时，伴随着生产率增长放缓和银行信贷质量可能转差。考虑到银行持有的非标信贷资产敞口不透明及表外产品的风险，当前较低的不良贷款率可能低估了信贷质量问题。尽管银行积极地进行核销并通过四大资产管理公司处置不良资产，但很少对陷入困境但仍有生存潜力的公司进行经营性重组，不具生存能力公司的及时退出机制也不完善，金融部门高杠杆压力仍很高。

8.2 高杠杆风险的形成原因

8.2.1 企业部门

第一，中国企业的融资结构影响了企业杠杆结构。从国际上看，受中国金融市场结构影响，企业融资渠道狭窄，主要来源于银行贷款，因此在同等融资规模下，与其他国家相比，中国企业的杠杆率要更高。从国内看，与中小企业相比，大型企业、国有企业、重化工企业具有更加充足的抵押品，具有更高的信用担保，容易获得银行贷款。金融机构境内企业人民币贷款余额数据显示，国有控股企业占比近50%，大型企业贷款中国企占比近70%，中型企业贷款中国企占比40%左右。工业部门的中长期贷款余额数据显示，重工业企业占比高达近90%。因此，这些企业的负债额较高，一定程度上推高了杠杆率和风险。

第二，政府行为导致企业杠杆居高不下。企业是政府获得税收、拉动GDP的最重要途径，因此，在GDP导向的政绩考核机制下，政府更愿意支持办企业，在企业遇到困难时更愿意注资支持。一方面由于政府的支持推高企业杠杆，另一方面由于政府的影响阻碍了僵尸企业市场出清。以2008年世界金融危机为例，危机后中国政府投入4万亿刺激经济发展，使得部分本该在危机中自然市场出清的僵尸企业短期内重获新生，但随着经济形势发展，僵尸企业仍无法生存，且负债更高，形成了新的杠杆负担和风险。

第三，企业多重职能增加了杠杆负担。由于社会保障制度不完善，公共服务不健全，基础设施建设落后等原因，中国企业特别是国有企业除了自身的生产经营功能，很大程度上还要承担社会功能，比如就业、退休职工安置、教育、医疗等，无形中增加了企业负担，阻碍了自身市场化调节，甚至被迫增加投资抬高杠杆。

第四，企业部门高杠杆具有多重风险。企业背负着来自政府拉动经济、增加政绩的期望，承担着职工养老、就业等民生和社会稳定职责，冒着银行大量贷款可能出现坏账的风险，因此，当企业经营出现困难时，将引发来自企业内部、社会、银行、政府等多方面的多重风险。

8.2.2 政府部门

第一，中央政府杠杆不高，政府杠杆主要集中在地方政府。从前面的分析可以看出，中国政府杠杆主要集中在地方政府，中央政府杠杆并不高。主要特征是地方政府债务上升快，需要审慎对待。地方政府在经济上具有较大的自主权，受 GDP 导向的考核影响，地方政府会主动举债进行投资，同时由于良好的信用，各大银行会主动向地方政府放贷，因此地方政府具有主动和被动的举债冲动。另外，2008 年世界金融危机后，中国实施的"4万亿"刺激计划和货币放松政策引发流动性充裕，为刺激投资放松了金融监管，导致银行理财、信托、券商资管、基金子公司等影子银行大量涌现，为地方政府举债提供了充足的资金来源。因此，地方政府债务增长迅速。

第二，地方政府存在违规举债行为。地方政府的举债行为并非完全积极有效的投资，大多数将资金投入基础设施建设上，这些项目回报率低或几乎没有回报，容易形成不良贷款，引发风险。只要存在 GDP 导向考核、软预算约束、隐性贷款以及参与影子银行融资等违规资金操作，地方政府举债行为就会增加风险。对此国家十分重视，于 2016 和 2017 年对地方政府债务进行置换和融资项目清理，存量债务得到规范处理，同时加强了对增量债务的监测和调控。

第三，政府举债总体风险可控。从政府杠杆的国际比较看，中国政府仍有加杠杆的空间，相对风险较低。更为重要的是中国具有制度优势，政府对银行具有强大的隐性支持，在必要的资本管制下，中国不会发生银行危机。

8.2.3 居民部门

第一,居民部门杠杆的快速上升主要源于个人住房贷款。首先,中国城镇化的快速推进刺激了居民对房地产的改善性需求和刚性需求,住房购买迅速增加;其次,金融危机后,政府为刺激经济发展采取了逆周期调控刺激,政府出台的降息、降首付、税费减免等一系列措施进一步刺激了居民的购房需求;再次,存在大量投机性购房行为。

第二,居民部门杠杆风险可控。国家金融与发展实验室数据显示,中国居民每年的债务负担不到可支配收入的10%,同时居民具有存量金融资产和较高的储蓄率,具有足够的债务清偿能力。并且,基于此原因,居民杠杆仍有提升的空间,在合理的范围内,能够促进房地产去库存。

8.2.4 金融部门

8.2.4.1 经济发展与金融业发展引发的金融杠杆风险

第一,经济转型引发信贷密度上升存在一定风险。经济转型发展与结构调整需要金融部门的信贷支持,自2008年以来,中国信贷与GDP比率长期高于其长期趋势,"信贷缺口"达到GDP的25%。从国际来看,已处于很高水平,出现金融高杠杆的概率增高。在经济放缓的同时,金融部门反而快速增长。大型银行资本充足,但中小型银行的脆弱性较高,企业部门债务规模不断攀升,且存在潜在风险。信贷仍在流向亏损企业,银行通过金融工程掩盖了潜在的损失。尽管中国住房自有率已经超过90%,但居民部门按揭贷款近期仍然增长迅速,这反映出城市化进程、对高质量住房的需求以及大城市房价不断上升。

第二，居民部门债务增速快，目前已经处在新兴市场国家中的高位。2015年以来，新增居民部门债务大多为住房贷款。贷款价值比普遍较低（2016年新增房屋按揭贷款的平均贷款价值比在40%左右），但存在利用金融创新手段规避贷款价值比相关规定的现象。诸如月供收入比和债务收入比的有效信息等数据缺口，导致无法对系统性杠杆风险进行准确分析，但分部门的高风险债务估算显示，房地产开发部门存在的脆弱性增加了金融部门的风险。

第三，中小型银行发展带来风险。近几年，中小型银行增加迅速，理财产品、批发融资以及高风险借贷业务也大幅增加，中小型银行大量通过表外业务进行融资增大了行业杠杆风险。同时许多中小型银行流动性主要依赖隔夜银行间拆借和回购等短期融资，股份制银行和城商行2016年同业拆借占融资总量的比例已达到22%。回购作为主要的批发融资工具，多数以国债或政策性银行债券作为抵押，金融中介链条正在不断变长，最终的信贷杠杆风险透明度较低。

8.2.4.2 影子银行和金融体系复杂性加剧金融部门的高杠杆风险

非银行金融部门发展迅速，主要原因在于：一是GDP增长引发的信贷扩张；二是高收益投资产品需求增长迅速；三是相对于非银行金融部门，银行部门的监督更严，监管套利由此产生。与此同时，非银行金融部门又与银行紧密联系。在负债端，短期融资的增加潜藏巨大的流动性风险。监管部门之间的协调不充分阻碍了对系统性风险的有效监督和宏观审慎措施的有效应用，同时功能监管存在重大空白，特别是对一些投资产品的监管缺位，造成金融部门潜在高杠杆风险的增加。

第一，金融部门相对于其他部门更具创造力，金融工程创新带来的金融体系复杂化导致风险在各业务间迁移。经济增长要求信贷放松（这种增长方式通常来自地方政府的压力）以及监管部门对金融稳定的关注之间的矛盾导致了监管套利。高风险贷款从银行体系迁移到一些监管程度没那么高的部门。信托、保险公司、证券公司以及基金公司在金融体系的份额日益增加，银行几乎与所有的金融活动有关联。银行和非银行金融机构将对低效企业部门的贷款重新打包成复杂的、通常为结构化的金融产品，这些产品通过投资载体出售，吸引那些寻求高于银行储蓄利率收益的投资者。

第二，影子银行成为高杠杆率的关键，是导致金融危机风险的重要因素。尽管与发达国家相比，中国的影子银行规模仍然有限，但影子银行对中国金融体系的潜在高杠杆风险不容小觑。由于影子银行不需要受到央行的准备金限制，其存贷款利率具有自主性，对企业的吸引力也源于其对资金和流动性的要求很低，因此影子银行已经成为金融部门高杠杆率的主要推动因素之一。在宏观监管层面，由于中国金融总体规模庞大，对主要银行的监管较之其他国家更为严格，金融稳定是国民经济健康发展的关键支柱，因此主流银行业务灵活性相对较低，这给影子银行等非银行金融服务机构提供了发展机会。影子银行的快速发展也意味着宏观金融杠杆的规范和限制受到更大的挑战。影子银行的监管问题也是中国金融部门去杠杆的关键所在。

第三，金融工具发展造成风险定价扭曲。非银行金融和投资产品的增长在一定程度上代表着金融体系正朝着更加市场化的工具和事实上的贷款定价自由化转变，但实践中，银行将信贷风险出表的动机和监管套利是主要的驱动因素。

第四，影子银行等金融体系变化虽有助于地方政府和地方企业利用间接融资，但是由于规避借款限制，这些变化成为加杠杆的重要工具。在地方经济增长目标、社会民生目标驱动下，自2007年以来地方政府的借款以大约每年25%的速度增长，增速是中央政府借款的2.5倍。地方政府融资平台有助于规避直接借款的限制。2015年实施的中华人民共和国预算法旨在限制地方融资平台从银行获得贷款，但新发生的地方融资平台借款仍没有被置换为地方政府债券，一些地方政府基础设施项目仍通过非正规渠道或以新的方式（如政府引导基金）进行融资。

8.3 去杠杆的实现路径

8.3.1 企业部门

第一，稳妥有序地深化国有企业改革。建立困难企业识别机制，对不能继续经营还有条件实施倒闭的企业，坚决启动企业破产机制；对有生存能力但又过度负债或者企业倒闭转换负担较重的企业，实施债务重组，更多地吸引民间资本进入。深化国企改革要特别关注下岗职工安置工作，要改善社会保障体系，多渠道消化下岗失业职工，降低失业率对社会造成的不良影响。

第二，拓展资本市场，优化资本结构。优化融资、信贷等资本结构，提高直接融资比重，补充企业资金，有效降低杠杆率；改善股票发行机制，进一步提升创业板、中小企业板、主板的融资功能，加快建设新三板，提升市场活跃程度。

第三，加强金融监管，合理控制企业杠杆率。建立融资平台监测系统和机制，将杠杆率风险置于可控范围内；加强对企业资金来源审核，降低外部负债比例；建立"防逃跑机制"，严厉打击资金抽逃行为。

8.3.2 政府部门

第一，中央政府适度加杠杆。首先，中央政府的杠杆率同比国际上其他国家还比较低,其风险处于可控范围之内,有继续加杠杆的空间。其次,中央政府加杠杆能够减轻地方政府乃至居民部门和企业部门的负担,部分地将三部门去杠杆的压力转移到中央政府。中央政府去杠杆一方面要加大财政投入,这部分投入应该投向基础设施建设补短板和解决去产能、去杠杆产生的社会问题;另一方面要充分发挥重要政府职能,把政府该管的管起来,同时适度地收权或放权于地方政府。

第二,规范清理地方政府债务。着力加强对地方政府债务风险的管控,重点规范地方政府举债融资机制,对地方政府债务实施预算管理并进行规模控制;完善地方政府债务风险处置机制,规范妥善处理存量债务;完善债务报告和公开报告制度、考核问责机制等配套制度措施。

第三,切实加强地方政府债务管理。加强防范,有效防控地方政府债务风险,坚决制止并严厉打击违法违规融资担保行为,严格防范以政府投资基金、政府和社会资本合作、政府购买服务等名义变相举债。

8.3.3 居民部门

第一,适度加杠杆。2008年以来,各国居民部门出现了去杠杆和加杠杆并存的局面,发达国家居民部门普遍在去杠杆,新兴市场国家则以加杠杆为主。由于2008年之前发达国家居民部门杠杆率过高,导致2008年的世界金融危机,因此在此后普遍开始去杠杆过程。以中国为代表的新兴市场国家居民部门杠杆率始终较低,在扩大内需稳增长的情况下,有必要适度增加居民部门杠杆率。

第二,做好稳杠杆。由于中国的居民杠杆主要集中在房地产贷款领域,2008年之后房地产贷款的快速增长,造成居民杠杆率高的潜在威胁,产生类似日本房地产泡沫破裂的风险。因此,近期居民杠杆应适度稳住,通过金融手段遏制投机性住房需求,通过提高首付比例和贷款比例遏制多套房购买,通过金融监管阻止违法资金进入房地产市场。

第三，引导居民在国内的高端消费。通过供给侧结构性改革，提高高端消费品的供给，引导消费者增加消费，降低居民的储蓄率。

8.3.4 金融部门

8.3.4.1 调整宏观经济政策

第一，降低过度信用扩张以及过多债务。尽管宏观政策组合和经济计划强调经济增长应注重质量而不要只看增长的幅度，地方政府仍将信贷增长视为保持就业和社会稳定的重要因素。监管机构对其监管领域的风险采取严厉管控措施时，也会对金融创新产生强烈激励，使其找到富有创造力的方式为那些实际上已经难以生存的企业提供融资。当通货膨胀率面临持续上升压力时，可考虑进一步提高利率，这将有助于减少过多的信贷需求和金融风险。

第二，弱化国内生产总值导向的宏观决策，把经济发展的质量作为观测考核重点，鼓励公司并购和重组，积极推动僵尸企业退出市场，有效降低企业部门和金融部门高杠杆。

8.3.4.2 强化宏观金融体系监管，降低系统性风险

完善银行、保险、证券市场和金融市场构成的金融体系，从金融体系自身角度建立去杠杆和防范系统性风险的宏观监管体系，确保在去杠杆的同时维持金融体系的稳定运行。

第一，建立更有效的宏观去杠杆政策制定框架。国务院金融稳定发展委员会是2017年成立的高级别跨部门委员会，承担着金融稳定和发展的双重职责。这项至关重要的顶层设计同时考虑到上述两项目标。委员会为金融稳定和发展制定全面政策的同时，建立去杠杆委员会专职履行金融稳定和去杠

杆职责。去杠杆委员会定期讨论去杠杆相关的宏观风险联合评估,并对关键问题提出跨部门早期防范建议,重点关注与去杠杆相关的系统性风险分析和建议。建立由技术人员组成的跨部门工作小组,支持去杠杆委员会的工作。根据工作需要,上述小组可为常设小组或专项小组。为保证工作有效推进,人民银行和各监管机构配备了专门资源。

第二,与国际金融安全网参与成员国建立强有力的合作、协调、信息交流机制。对中国全球体系重要性银行(即四大行)以及其他全球系统重要性银行间的溢出效应分析显示,中国中小型银行是全球系统重要性银行所产生冲击的主要承受方。中国国内的金融冲击将导致 GDP 增速放缓,进而影响全球资产和大宗商品价格。全球资产主要受到避险情绪和大宗商品价格变动的影响。四大行在全球表现活跃,中资银行在撒哈拉以南非洲和加勒比海地区许多国家已成为重要的贷款机构,由此产生的影响力超过直接贸易联系。银监会与其他监管机构正着手解决跨境银行业问题,但仍需加强合作,特别是解决中国银行业面临的潜在高杠杆率风险。按照国际金融稳定理事会(FSB)要求,中国五家全球系统重要性金融机构已经全部落实了危机管理小组、恢复和处置计划的要求,可处置性评估及跨境合作协议正在开展之中。

第三,通过宏观数据采集和共享渠道保障对金融体系的有效监管。数据缺口阻碍了深入分析信贷质量恶化和高杠杆风险的具体形势。公布的不良贷款率从 2013 年年末的 1% 略增至 2017 年二季度的 1.7%,这是因为银行加大核销并出售资产,同时增加不良贷款的催收。这些措施使得银行拨备从 2013 年年初的 290% 大幅下降至 180%。尽管监管采用有效措施,但某些银行投资产品的风险权重过低,低估了某些贷款的信用风险。监管机构由于缺乏足够的细化数据,无法对这些风险进行量化评估。许多理财产品虽未受到担保,但银行几乎会对个人投资者的本金损失进行赔付。在压力情景下,银行支撑理财产品的成本可能相当高,增加杠杆的同时也会影响金融稳定。

第四，优化人民银行的宏观审慎评估体系，降低风险。作为一项有效的监测工具，宏观审慎评估的目标和结构有待进一步明确。针对单家银行，宏观审慎评估监测八个方面的金融稳定指标，其中部分是关键的宏观审慎指标。宏观审慎评估以及对不满足宏观审慎评估体系要求的银行采取非正式惩罚措施反映了中国人民银行的一些判断，例如利率和信贷政策的执行情况。目前，宏观审慎评估主要运用于决定银行能否获得中国人民银行便利工具，以及超额准备金利率，而非为解决系统性风险量身定制。宏观审慎评估结果不应用于决定银行能否获得中国人民银行政策工具。此外，应当明确宏观审慎评估的目的，简化结构，披露方法。为保证机构间的紧密合作，任何基于宏观审慎评估所建议的宏观审慎政策行动应由去杠杆委员会进行讨论，再由监管机构采取行动。

8.3.4.3 规范影子银行和隐性担保

第一，积极解决金融产品扩张的内在动机问题。一是在消除隐性担保之后，贷款压力将随之下降，进而形成以市场为基础的信贷决策，放宽对基础设施、建筑、房地产以及过剩产能行业的信贷限制。二是将对银行的强化监管审查重点转到信贷和风险管理政策和行动方面。如果不良贷款率达到2%将触发对银行的强化监管。在对银行的强化监管中，有必要检查信用风险管理是否存在薄弱环节以及是否存在鼓励偿清贷款或隐藏损失的不当激励。三是应重点关注对信贷政策的遵循情况，而非仅仅贷款质量。对信贷人员个人的问责会促使其对贷款展期，以及将高风险贷款转至银行资产负债表外。四是在对地方政府进行政绩考核时，要淡化总体增长目标（这会导致地方信贷扩张），降低其通过影子银行体系获取资金投资基础设施的压力。发展全面的社会保障体系将有助于推动这一目标的实现。五是加强投资者金融知识教育，提高其对高收益资产的风险意识。这也是消除隐性担保进程中的一部分。

第二，完善法律和监管的相关规定，以确保在资产管理机构或托管机构资不抵债时，对集合投资计划（包括理财产品）能够实现破产隔离。大部分投资产品中，资产的所有权属性并不清晰，包括投资者能否对金融工具的发行方单独提出索赔。独立的法律主体和会计记录将有助于风险定价和明确各方权利。

第三，稳步改变隐性担保观念。激进的操作会对金融体系产生破坏性后果，甚至会导致对预期收益（包括个人投资者承担本金损失的可能性）的渐进性重估，可能产生收益不确定性并引发资本外流。在完全打破隐性担保前，推动下述改革将有助于降低风险。一是强化监督。采取更严格的贷款分类标准；强化和统一对无担保投资产品的信息披露要求；要求对无担保产品进行赔偿的金融机构持有与表内产品相当的资本和流动性缓冲。二是建立有效的破产和债务人处置框架可以使债权人实现回收价值最大化。中央和地方政府应当明确支持国有企业的程度。三是减少对房地产市场的干预有助于逐步解决房地产市场的过度投资和风险低估问题。降低地方政府对卖地收入依赖将有助于把干预措施限制在宏观审慎政策范围内。四是建立更加全面的社会保障体系有助于允许不盈利的企业倒闭，促进经济结构转型升级，引导金融部门向盈利能力较好的企业放贷。

第 9 章 降成本路径分析

降成本即降低实体经济企业的成本。降低成本，可以帮助实体经济企业缓解遇到的困难，推动企业转型升级，应对企业当前面临的经济下行压力，提高企业可持续发展能力。根据国务院《降低实体经济企业成本工作方案》要求，降成本重点领域包括制度性交易成本、融资成本、税费负担以及人工成本、能源成本、物流成本等企业生产性成本。本章主要从宏观的视角对企业成本负担进行研究分析，找出造成企业成本负担的因素及降成本的实现路径。

9.1 中国宏观税负水平分析

宏观税负是衡量一个国家政府收入规模的重要指标，也是反映企业和居民总体税收负担的重要指标。由于统计口径和计算方法的不同，国内研究的结论也不尽相同。陈彦斌、陈惟（2017）、李永刚（2010）、吕冰洋（2017）等人研究认为，中国的宏观税负水平不高，与国外发达和发展中国家相比水平较低；董根泰（2014）、李炜光和臧建文（2017）等人研究认为，中国的宏观税负已明显过高，甚至面临"死亡税率"。

9.1.1 宏观税负的测算与比较分析

宏观税负通常采用三个统计口径：小口径采用税收收入占 GDP 的比重，中口径采用一般公共预算收入占 GDP 的比重，大口径采用包括一般供给预算收入、政府性基金收入、社会保障基金收入和国有资本经营收入在内的全部政府收入占 GDP 的比重。按照上述统计口径对比分析中国宏观税负水平，如表 9-1 所示。

表 9-1 中国宏观税负水平（2012—2016 年）

单位：%

年份	大口径宏观税负	中口径宏观税负	小口径宏观税负
2012	34.7	21.7	18.6
2013	35.1	21.7	18.6
2014	35.0	21.8	18.5
2015	33.5	22.1	18.1
2016	32.8	21.4	17.5
平均值	34.2	21.7	18.3

数据来源：根据财政部 2012—2016 年全国财政决算报告整理计算。

另外，国外主要国家宏观税负情况统计如表 9-2 所示。

表 9-2　国外主要国家宏观税负（2011—2015 年）

单位：%

年份	美国	英国	法国	瑞典	巴西	俄罗斯
2011	29.4	38.8	50.8	49.4	40.3	42.5
2012	29.4	38.1	52.0	49.7	40.5	41.5
2013	31.6	39.0	52.9	50.0	40.1	40.5
2014	31.5	38.0	53.4	49.2	39.5	39.8
2015	31.8	38.5	53.5	49.8	41.5	41.1
平均值	30.7	38.5	52.5	49.6	40.4	41.1

数据来源：根据 2011—2015 年 IMF 数据库计算。

根据表 9-1 数据分析，中国三大口径的宏观税负数据差别较大。由于仅仅考虑税收和财政收入与 GDP 占比不能全面衡量中国宏观税负水平，税收和财政收入之外的政府收入占比较高，据测算 2016 年这部分收入占比高达 30% 以上，因此采用大口径进行中国宏观税负的比较和测算。从表中数据分析可以得出以下结论：

第一，从总体上看，近几年中国大口径宏观税负变动不大，2013 年和 2014 年与 2012 年相比有上升趋势，即使 2015 年中国实施"营改增"政策后，下降幅度也较小。

第二，中国与国外主要国家相比，2012—2016 年的均值为 34.22%，仅稍高于美国。由于美国自大萧条后经历了四任总统的四次较大规模减税，且均发挥了实际的作用，因此美国在发达国家中宏观税负较低。而中国的宏观税负与其他主要国家相比处于较低的水平，与法国和瑞典差距更大。

综上分析，从国际比较的角度看，中国的宏观税负水平并不高，总体处于较低的水平。

9.1.2 宏观税负与企业负担分析

中国宏观税负水平较低,但工信部《2017年全国企业负担调查评价报告》显示,79%的企业都希望能够继续出台减税政策。造成这一问题的原因可以从微观的角度分析。

第一,企业负担并不直接来自税收。从企业负担的国际比较可以得出这一结论,如表9-3所示。

表9-3 企业负担的国际比较(2010—2014年平均值)

单位:%

项目	中国	新兴与发展中经济体	发达经济体(间接税为主)
企业税收负担	14.6	14.6	16.2
涉企收费(专项收入、基金)负担	8.9	0.6	0.1
企业社保负担	3.0	1.1	5.7

资料来源:吴珊、李青,《价格理论与实践》,2017年第1期,第33页。

从表9-3可以看出,中国企业的宏观税负与发达经济体和新兴与发展中经济体比较并不高,甚至低于发达经济体水平,企业的负担实际上主要集中在收费,其次是社保负担,特别是涉企收费远远高于国外发达经济体和新兴与发展中经济体水平。

第二,宏观税负降幅不大,降税政策效果不显著。从新常态以来的税负变化可以看出,近些年中国的宏观税负降幅不大,主要原因是中国的税制结构以流转税为主,2007—2013年中国的直接税在总税收中的比重仅有30%左右,因此降税无法直接发挥减轻企业负担的作用。

第三,税负的不平衡。从税负的结构上看,流转税比重大于直接税,小微企业税负大于大企业税负。国家发改委经济研究所课题组研究表明,2011年中国小微企业的税负是大型企业的2.3倍。另有研究数据表明,小微企业纳税额占企业利润的35.8%，高出大型企业7%。由于小微企业承受较高的制度性交易成本，税负转嫁能力较弱，享受的税收优惠政策有限等，造成小微企业具有更大的税负。

9.2 企业成本现状分析

9.2.1 企业成本负担总体情况

从中国宏观税负水平的分析看，中国企业的负担并不重，但来自工信部《2017年全国企业负担调查评价报告》的数据显示，中国企业还存在较重的负担，具体数据反映如下：

第一，《2017年全国企业负担调查评价报告》来源于对全国31个省（自治区、直辖市）的5 714家企业的问卷调查，调查涉及企业的缴费、纳税、融资、制度性交易、用电、人工和企业对负担的主观感受等7个方面19项具体指标，在此基础上结合政务环境进行综合评价，计算出企业的最终成本负担总指数。

第二，52%的企业认为企业负担偏重，反映较为集中的成本负担包括：42%的企业认为涉及资源要素的垄断机构收费，给企业带来较重的负担；43%的企业认为检测、检验和鉴定等收费加重了企业负担；23%的企业认为存在"以贷转存和存贷挂钩等变相提高利率"的不良行为。

第三，79%的企业希望继续减税，69%的企业期望降低筹资成本，拓宽融资渠道，62%的企业期望降低企业耗能和占地成本，33%的企业希望规范并清理各类涉企保证金，实施目录清单管理制度。可见企业对减负的呼声还比较高。

第四，在有些项目上企业认为，水电气、土地，监督检查以及行政审批、税负等缴费负担有所减轻，90%以上的企业认为不存在涉企乱摊派乱收费等不合法行为。

第五，从成本负担的总指数上看，一是西部地区整体负担仍然相对较重，中部地区整体负担相比而言较轻；二是不同领域的成本负担情况在不同区域间差别较大，西部地区的用电成本较低，但企业的融资成本一直居高不下，东部地区在企业缴费、融资成本负担等方面优势较中部已不再明显，而且人工、用电费用等成本的负担明显超出其他地区。

从调查数据可以看出，企业负担依然存在，推进供给侧结构性改革，落实降成本任务还需要进一步推进。

9.2.2 制度性交易成本

制度性交易成本是指各种税费、融资成本、交易成本等因企业遵循政府制定的各种制度、规章、政策而需要付出的成本。制度性交易成本主要通过资源利用许可、市场准入、行政监督检查以及地方政策工具等对企业产生激励或者约束作用。造成企业制度性交易成本负担的原因和降成本的困难在于：

第一，政府和企业之间的畸形关系。一是企业用于维护政商关系的支出，即社会流行的"卡要"问题依然存在；二是政府官员"不作为""乱作为"现象较为普遍；三是规章制度对于惩罚弹性大，执法尺度不统一。

第二，简政放权执行阻滞。一是降成本政策在基层各部门落实难；二是权力下放后基层部门"接不住"或"不想接"，并未有效解决基层审批的效率问题；三是降成本政策缺乏可执行性，缺少配套措施和实施细则。

第三，降低企业税负困难。"营改增"等一系列降低企业税负措施执行不力，回溯性收税、"税收指标"和过头税等税负问题还大量存在。

第四，评估检测等行政性服务混乱。一是评估检测收费颇高而且种类繁多，需要开业、规划、环境、消防、能耗、安全卫生等多项评测；二是第三方评估的真实性存在的问题严重，即使是第三方评估，评估的种类及花费也很多，特别是"红顶中介"问题突出；三是评估检测流于形式且重复，很多质检机构的检查浮于表面，完全是为收取费用。

9.2.3 融资成本

融资成本是资金使用者支付给资金所有者的报酬，融资成本形式多样，如委托金融机构代理发行股票、债券而支付的注册费和代理费，向银行借款支付的手续费等。

9.2.3.1 融资渠道与融资价格

第一，融资渠道分析。由于中国金融结构影响，中小企业的融资主要依赖银行贷款和民间借贷，融资渠道狭窄。尽管股票发行、债券发行和风险投资等都可以作为融资渠道，但无法满足中小企业融资需要，融资难成为阻碍中小企业扩张发展的重大障碍。全国中小企业协会有关中小企业融资状况调查显示，23.5%的被调查企业认为融资困难制约其发展。以中关村为例，即使是具有发展潜力的科技型企业，虽然贷款融资需求旺盛，但也无法得到满足，80%需要内部自己解决。

第二，融资价格分析。中小企业融资成本偏高，一方面是中小企业在贷款上基本不能享受优惠利率，有时还要偏高于基准利率，另一方面是中小企业无法获得官方融资时，为缓解资金压力，不得不通过民间借贷实现，民间借贷的高利率造成企业的更大负担。

9.2.3.2 "融资难"与"融资贵"

中国中小企业占全部企业总数的99%，完成了国内生产总值的60%，上缴了50%的税收，提供了75%的就业岗位，成为中国国民经济和社会发展的重要组成部分。但是"融资难"与"融资贵"问题严重制约了中小企业发展。

第一，中小企业风险溢价相对较高。一是中小企业在管理制度上存在缺陷。大部分中小企业存在所有权与经营权区分不明确，产权主体虚置，产权界限模糊的问题。二是中小企业在市场竞争中缺乏竞争力。中国中小企业受宏观经济波动影响较大，多数属于劳动力密集型产业，生存和发展主要依靠国内廉价的原材料和劳动力资源。最后，中小企业的管理人员素质普遍不高，缺乏现代企业的经营和管理理念，管理水平普遍较低。

第二，中小企业贷款抵押品不足。中小企业一般规模较小，一般没有设备、土地、厂房等固定资产，缺乏银行信任的贷款抵押品，商业银行很难对其信用等级进行风险评测。

第三，中小企业的贷款成本较高。商业银行为了降低自身的经营费用，增加盈利额度，往往追求贷款额度的规模效应。由于中小企业申请贷款规模小、数量有限，商业银行对中小企业提供贷款难以实现其规模效应，一般情况下对中小企业贷款要么不提供贷款服务，要么提高贷款利率，加重了企业的负担。

国有商业银行和股份制商业银行主要为大型国有企业和优质民营企业等高质量大规模客户服务，无法为中小企业提供支持。虽然近年来中国中小金融服务机构迅猛发展，例如城市商业银行、农村商业银行和小额信贷公司等已在全国许多地区普及，成为国有银行的积极补充，但是，这些机构规模小、业务单一，往往以吸收存款为目的，无法满足中小企业的资金需求。

9.2.4 生产成本

企业生产成本主要集中在降低企业用能、用工、物流等费用上。为了提高企业产品竞争力，增加利润，企业必须努力降低与生产有关的成本。

第一，能源价格对企业生产成本具有重要影响。以国家能源价格改革为例，国家煤电联动、电力直接交易、两部制电价用户基本电价执行方式、降低上网和工商企业电价的改革措施，可每年减少企业电费支出约 1 500 亿元。下调非居民用天然气价格，可每年减轻用气行业企业负担约 430 亿元。因此通过能源价格改革或调节降低企业生产成本具有一定空间。

第二，下调社保缴费率缓解企业用工成本压力。据人社部测算，降低企业基本养老保险费率和失业保险费率能够降低企业成本 1 200 亿元，企业住房公积金缴存比例下调每年可为企业减负 400 亿元左右，效果非常明显。

第三，降低物流成本。近五年来中国物流成本水平总体呈下降趋势，初步测算，物流总费用占 GDP 的比率每降低 1%，可为工业企业节省超过 9 000 亿元的费用，为经济和社会发展带来超过 6 000 亿元的效益。

第四，降低劳动力成本与扩大内需形成矛盾。降低劳动力成本会降低收入增速，不利于收入分配向居民倾斜，影响了消费者的消费需求，不利于内需扩大。

9.3 降成本的实现路径

9.3.1 减轻企业税费负担

相对于货币政策，财政政策特别是税收政策在推进供给侧结构性改革过程中的作用更加明显。推进税费制度改革,减轻企业税费负担,是增强企业活力、提高企业发展动力、提升企业未来创新竞争力的重要路径。

第一,在各行各业全面开展营改增试点,确保所有行业的税负实现看得见的降低。在房地产业、金融业、建筑业和生活服务业中全面推行营改增改革,推进税率优化、税制结构改革,全面降低各类实体企业的增值税税率,切实让各类实体企业得到好处。

第二,在中小企业、高新技术企业中深入贯彻落实好研发费用税前加计扣除等各项税收优惠政策,完善节能环保专用设备税收优惠目录。

第三,加大力度实施精准降税策略,针对"三农"以及小微企业进一步扩大其税收优惠政策面,增加对新兴战略产业等领域的减税力度,减轻这些企业税费负担。

第四,减免和取消一批政府性基金,依法取缔各地违规设立的政府基金。

第五,不断健全完善企业降税减负的规章制度,加大监督治理力度,切实解决实体经济的高税费负担和高交易成本,从转变政府职能着手,消减政府非公共性的权力的影响。

9.3.2 降低企业融资成本

第一,着力发展中小金融机构。中小金融机构包括农村信用社、城市商业银行、社区银行、小额贷款公司和农村资金互助社等机构,它们共同的特点是:轻资产、规模小、经营范围狭窄;一般分布于街道社区,地域性强,具有良好的人缘和地缘优势,便于与客户沟通,获得客户信息。与大型商业银行相比,这类金融机构更倾向于服务中小企业,为特定地区提供金融服务。

第二,借鉴德国、日本等发达国家的经验和做法,专门设立为中小企业服务的政策性金融机构。德国共有中小企业约370万家,德国的中小企业在市场经济中非常活跃，原因在于德国的政策性金融机构很发达，德国特别注重发挥政策性银行的作用来缓解中小企业融资困难。这类金融服务机构的主要职责就是在较低的利率水平下为中小企业提供贷款。日本政府设立的专门金融机构，主要是为中小企业提供信贷援助，这些金融机构向中小企业提供长期的优惠贷款。

第三，加大股票市场融资和债券市场融资等直接融资力度。分散在银行体系中的风险同时为中小企业提供低利率的长期稳定资金。首先要进一步完善股权转让系统的相关制度建设，包括创业板、中小板、主板、地方产权交易中心以及各类中小企业股份转让系统等。满足不同企业的需要建立多层次、多领域的股权融资市场。其次要大幅度降低中小企业的债券发行门槛，增加债券市场品种，同时还要培育多元化投资者，拓宽社区居民的投资方式和渠道，满足其多样化的投资偏好。最后，要保护好投资者的切身利益。

第四，建立投贷联动的融资机制。投贷联动是指以私募股权投资或风险投资为企业提供股权融资服务，为处于初创期和成长期的中小型科技企业提供帮助。投贷联动融资能有效解决中小企业由于缺乏抵押品而融资难的问题，也能降低银行对中小企业的授信风险，实现风险收益相对称。

9.3.3 降低企业生产成本

第一，加大科技创新驱动，努力提高企业成本转移能力。创新驱动是企业发展的根本途径，推动科技创新可以提高资源要素使用效率。加快制造业部门产业技术转型和升级，用转型过程促进资本替代劳动，大幅度提高中国制造业全要素生产效率，通过劳动力绝对成本的提高带动劳动生产率的提升，提升企业自主创新能力，打造企业优势。

第二，健全社会保障制度，全面深化企业管理体制改革，降低企业用工成本压力。提高社会保险制度激励，完善个人账户制度，稳步推进加快养老保险制度改革力度，提高统筹层次；要按照统一的新型农村合作医疗保障、职工医疗保障、城镇居民医疗保障三项制度的要求进行基本医疗保制度改革，实现三者的协同联动，强化医疗保障制度的整体性、系统性、协同性；要突出就业保障功能，对失业人员开展职业培训和再就业服务，按规定标准给付失业人员最低生活保障金，建立失业保险与职工个人缴费的密切联系，发挥失业保险最低功能保障作用。

第三，去除低端过剩产能，降低低效资源占用形成的成本。综合运用去产能，特别是清理僵尸企业的政策和手段，及时清理落后的、低效的产能，降低因资源占用形成的企业成本，发挥资源的积极作用，增强企业活力。关于去产能及僵尸企业处置问题已在第6章详细论述。

第四，形成能源价格市场化机制，降低能源成本。贯彻落实新能源价格机制方案，理顺能源产品价格关系，确保汽油、柴油、煤炭、电力等能源价格的波动能及时反映市场供求的变化。另外要打破能源的国有垄断，以降低垄断成本、经营成本，从而促进能源成本的降低。

第五，降低企业运输成本，整合产业物流业。首先，加大对重要物流基础设施建设的投资支持。着力打造专业化、社会化、制度化的物流服务体系，培育一批具竞争力的现代物流服务企业。其次，进一步优化物流运输通行环境，规范公路、铁路、航空等收费标准，通过产业集聚效应提升物流产业运营效率，有效降低物流业自身的服务成本。最后，要加大物流行业基础设施项目建设和绿色审核通道。通过加大资金投入支持，利用现有渠道支持符合条件的城乡配送网络、多式联运转运设施、农产品冷链物流、物流标准化、信息化等物流项目建设，把物流基础设施项目并入现代物流重大工程进行调度，加强协同联动、有机衔接，形成工作合力。

第10章 补短板路径分析

中国供给侧结构性改革提出的"三去一降一补"五大任务是一套"加减法"的"战术组合拳","三去一降"主要是减法,通过去产能、去库存、去杠杆、降成本,把经济发展过程中过剩的、落后的、拖慢经济发展的因素去除掉,进一步优化配置资源,平衡市场供需关系,把资源要素从产能过剩的行业中释放出来,以"创新、协调、绿色、开放、共享"理念为统领,为新兴产业输送更多的劳动力、资本和技术,构建起与需求侧相适应的新动能,促进市场供需关系平衡。"补短板"即五大任务中的"一补",就是要补足发展不足、供应质量低下的供应短板,通过产业升级,改善供给质量,扩大有效供给。

10.1 主要领域短板的现状

10.1.1 民生领域

随着供给侧结构性改革不断推进，中国"民生补短板"、保障和改善民生方面取得了突出的成效，6 000多万贫困人口稳定脱贫，贫困发生率从10.2%下降到4%以下；城镇新增就业年均1 300万人以上，中国就业状况得到持续改善；中西部和农村教育明显加强；城乡居民收入增速超过经济增速，带动中等收入群体持续扩大；社会保障体系基本覆盖城乡居民，中国已经建成了世界上最大的社会保障网，建成城镇保障性安居工程住房、棚户区改造和公租房2 485万套，改造农村地区贫困户危房158万户，保障性住房建设得到稳步推进。

尽管民生保障取得了显著进展，但民生领域还有不少短板，脱贫、城乡区域发展和收入分配差距、就业、教育、医疗、居住、养老等方面还面临不少难题。

就业是最大的民生，当前中国总体就业形势依然严峻。2018年城镇新成长的劳动力将超过1 500万人，其中高校毕业生为820万人，创历史新高（人社部卢爱红，2018）。900多万（如表10-1所示）城镇登记失业人员需要就业，几百万农村转移劳动力需要找到新的就业空间，因此就业压力依然存在。

表 10-1 城镇登记失业率

项　目	2012 年	2013 年	2014 年	2015 年	2016 年
城镇登记失业人数/万人	917	926	952	966	982
城镇登记失业率/%	4.1	4.05	4.09	4.05	4.02

数据来源：《中国统计年鉴》(2017)。

学前教育问题突出，"幼有所育"短板明显。幼儿园少，学前教育不能满足适龄儿童入园，普惠性幼儿园更少。2016 年中国学前三年毛入园率只有 77.4%，有近 1/4 的适龄儿童无幼儿园可入。

弱势人群的扶持和"兜底"还存在明显不足。目前，中国 8 500 多万残疾人约占全国总人口的 6.21%，约 1 500 万残疾人生活在贫困线以下；农村"三留守"问题日益凸显，当前中国农村留守老人和留守妇女达到 5 000 万人，留守儿童达到 6 000 万人；中国老龄化问题呈现大规模、高速度加剧态势，2016 年，中国 65 岁及以上的老年人口已经占总人口的 10.8%。

"幼有所育、学有所教、劳有所得、病有所医、老有所养、住有所居、弱有所扶"是系统地保障和改善民生的最终目标，民生补短板还需要进一步加强，需要在发展中补齐民生短板。

10.1.2 城乡基础设施领域

基础设施是经济发展的重要基础，是进行物质生产和劳动力再生产的重要条件，基础设施的短板需要随着经济发展和人民生活需要不断补齐。

第一，从总体上看基础设施投资稳步增长。国家统计局统计数据显示，2016 年全社会固定资产投资 606 466 亿元，比上年增长 7.9%，扣除价格因素，实际增长 8.6%。2016 年 1—12 月中国生态保护和环境治理业城镇固定资产投资完成 31 455 739 万元，同比增长 39.9%，高于全部投资 31.3%。2017 年 1—9

月生态保护和环境治理业城镇固定资产投资 27 211 700 万元，同比增长 25.0%。

第二，公共设施管理业投资持续增长，如表 10-2 所示。2017 年公共设施管理业投资同比增长 23.7%，农业投资增长 16.2%，分别高于全部投资 17.5%、16.2%。

第三，交通运输基建不断加强。截至 2016 年，全国铁路营业里程达到 12.4 万千米，高铁营业里程超过 2.2 万千米；全国公路总里程 469.63 万千米，高速公路里程 13.1 万千米；航运方面，内河航道通航里程 12.71 万千米，港口生产用码头泊位 30 388 个；民用航空机场 218 个，定期航班通航机场 216 个，定期航班通航城市 214 个。

表 10-2 公共设施管理业固定资产与投资情况

单位：亿元

项目	2014 年	2015 年	2016 年
公共设施管理业新增固定资产	27 108.23	34 196.89	33 816.11
公共设施管理业固定资产投资（不含农户）	38 426.59	46 180.17	56 776.25
公共设施管理业新建固定资产投资（不含农户）		35 149.76	44 939.36
水利管理业固定资产投资（不含农户）	5 990.13	7 249.86	8 725.38
环境管理业固定资产投资（不含农户）	1 807.71	2 249	3 145.57
水利、环境和公共设施管理业新增固定资产		41 168.53	41 096.86
水利、环境和公共设施管理业固定资产投资（不含农户）	46 224.43	55 679.03	68 647.21
水利、环境和公共设施管理业新建固定资产投资（不含农户）		41 530.53	53 827.35

数据来源：根据国家统计局数据整理。

第四，农村基础设施不断改善。经过"十一五""十二五"的大力建设，全国农村基础设施，特别是生活基础设施建设取得了很大成就。截至 2015 年年底，全国农村交通道路中农村公路（含县道、乡道、村道）里程 398.06 万千米，比上年末增加 9.90 万千米，其中村道 231.31 万千米，增加 8.85 万千米。全国

99.99%乡（镇）通公路；98.62%的乡（镇）通硬化路面，比上年末提高0.53%；99.87%的建制村开通公路；94.45%的建制村开通硬化路面，比上年末提高2.68%。"十二五"期间，全国新改建农村公路超过100万千米，通车总里程约395万千米，基本实现所有乡镇通公路和东中部地区建制村通硬化路，西部地区建制村通硬化路比例约80%的目标；全国乡镇客运班车通车率超过99%，建制村客运班车通车率超过93.2%。2015年12月全面解决了无电人口用电问题。

尽管基础设施建设成就显著，但有关统计数据显示，中国人均公共产品拥有水平、基础设施资本存量以及物质技术装备水平仍然较低，仅为西欧的1/3、北美的1/4。从全球基础设施综合排名看，中国2015年仅列第39位。中国经济高质量发展要求与基础设施建设的差距依然很大，农村问题尤为严重，存在建设质量差、贫困地区通达率低等问题，不通硬化路的400多个乡镇、3.9万个建制村，大多处于山大沟深的困难地区，投资大、建设难度大，流通设施建设严重滞后。相关调查表明，2017年，中国建有冷库的农产品批发市场仅有41.7%，配备了冷藏车的占11.1%，有陈列冷柜的占12.9%，导致70%的肉、80%的水产品以及大部分牛奶及豆制品无法进入冷链系统；电网设备差且用电成本高，农村电力设备陈旧落后；国家互联网信息中心的统计显示，截至2016年6月，农村互联网普及率保持稳定，达到31.7%，但城乡差距较大，城镇地区互联网普及率超过农村地区的35.6%。

10.1.3 "三农"领域

第一，农村贫困人口脱贫任务依然艰巨。按照现有脱贫标准，中国还有3 000万贫困人口需要脱贫，深度贫困地区和特殊贫困群体脱贫难度大。以"三区"（西藏、新疆南疆和四川省藏区）、"三州"（甘肃的临夏州、四川的凉山州和云南的怒江州）为代表的深度贫困地区基础条件薄弱，致贫原因复杂，脱贫成本高。

第二，农业结构需进一步调整。首先，粮食生产结构存在问题。粮食产量出现高产量、高进口、高库存的"三高"问题，突出表现在大豆短缺、玉米过剩。2014年、2015年、2016年中国大豆进口量分别为7 140万吨、8 169万吨和8 391万吨,不仅占到了当年粮食进口总量的70%以上,而且呈逐年上升趋势。2014年、2015年、2016年中国玉米产量分别为21 564万吨、22 463万吨和21 955万吨,出口量仅为2万吨、1.11万吨和0.41万吨,每年玉米库存的贷款利息和保管费用达300多亿元。单品的粮食种植结构上存在严重的供需矛盾。其次,经营体系结构存在问题。中国是传统农业大国,尽管生产方式不断进步,但目前仍以小农户分散经营为主,农业规模化经营水平较低,新型农业经营体系尚未建立。再次,产业融合度不够。农业的生产、加工、流通等环节的全产业链体系尚未建立,做强一产、做优二产、做活三产的产业结构布局尚未形成。

第三,农民增收形势严峻。国家出台了一系列强农惠农富农的政策,自2010年开始,农民收入连续6年增速超过城镇居民,是改革开放以来持续时间最长的一次。当然情况也不容乐观,农民收入基础较低,收入总量还较小,中国经济发展进入新常态后,农民增收的增长趋势衰减,形势更加严峻。

第四,农民工总量增速下滑,流动性变缓。如图10-1所示,从总量上看,中国现有农民工2.8亿多,已经成为产业工人的主体。近几年农民工总量呈上升趋势,但增速总体下滑。

数据来源:国家统计局

图10-1　2011—2017年农民工总量及增速

10.2　短板领域存在问题的成因分析

10.2.1　民生领域短板成因

10.2.1.1　就业问题的成因

第一，社会需求不旺。中国经济进入中高速增长的新常态，经济增速放缓，国内需求不旺，大量企业面临经济发展方式转变、产业结构转型升级的新形势，大量劳动密集型企业生产萎缩或转型升级，就业岗位需求显著减少，导致大批的失业人员。

第二，高校毕业生就业压力大。由于高校近几年招生规模的不断扩大，导致毕业生规模居高不下，部分高校毕业生面临毕业即失业的压力和危险。其中既有社会需求萎缩的原因，也有高校人才培养与社会需求不匹配的结构性问题和高校毕业生就业期望过高问题，高校的专业设置和人才培养定位面临转型发展和结构调整的压力。

第三，劳动力素质不高或结构不合理。待就业人群中存在大量农村剩余劳动力和向城镇化转移的人口，由于受教育程度不高，劳动力素质满足不了就业岗位的需求，造成了结构性就业的矛盾问题。

第四，就业政策和服务体系不完善。当前政府在促进就业方面主要通过税收优惠等手段鼓励企业更多吸纳失业人群，而面向待就业人群的相关政策和服务体系还不健全，如户籍、就业信息发布、失业人员培训等工作需要进一步加强。

10.2.1.2 幼教问题的成因

第一，重视不足。幼教或者学前教育在中国不属于义务教育范畴，也不是政府公共服务范围，幼教并未得到政府、社会和家庭的高度重视。有研究表明，相比幼教，政府、社会和家庭更加关注人生的其他阶段的教育和投入，从政府的角度缺乏中长期的幼儿教育规划，对幼教的经费投入不足，投入分配不均衡；由于社会投资主体的逐利性性质，他们更加关注投资收益更高的其他教育项目或者贵族式的幼儿园，对于普惠式的幼儿园投入少；对于家庭而言同样存在对幼儿教育的不重视问题。

第二，城乡差别严重。受广大农村经济发展状况制约，农村幼儿园建设落后，幼儿园数量少，规模小，设施条件差。加之农村学前教育意识淡薄，观念落后，使得农村学龄前入学率低，与城市差别较大。

第三，师资匮乏。截至2016年，全国幼儿园园长和专任教师总数为249.88万人，比2015年增加19.57万人。其中，研究生毕业的幼儿园园长和专任教师6 654人，本科毕业人数为52.26万人，占幼儿园园长和专任教师总数的21.18%。按照《幼儿园教职工配备标准》规定，小、中、大班生师比最大限额分别为12.5∶1、15∶1、17.5∶1，平均生师比15∶1。调查数据显示，2010—2016年全国幼儿教育生师比远高于国家标准基线，远未达到国家要求。其中，2016年全国学前教育生师比为19.77∶1，学前师资总量不足，缺口较大。

10.2.2 基础设施领域短板成因

第一，体制机制障碍的影响。短板问题表面上是经济领域的问题，但很多体制机制上的问题引发了短板的产生和补短板的障碍，基础设施建设投资问题更加突出。由于地方政府的政绩考核需要、GDP导向驱动，政府在投资上热衷于投向基础好、发展见效快的领域，对相对基础薄弱的地区投入不够。补短板必须破除以往追求高速度发展的体制机制问题。

第二,城市基础设施需求增长过快。由于中国城镇化速度加快,大量农村人口涌入城镇,造成了对城市基础设施的大量需求;由于家庭收入水平的提升,汽车等私人用品增长迅速,造成了对停车场等设施的大量需求;同时人民对美好生活的需求和生活品质的提高也大大增加了对基础设施的需求。

第三,农村基础设施建设缓慢。存在农村基础设施建设短板最重要的原因是投入不足。地方小城镇建设、农村基础设施建设主要靠国家补助和地方财政资金,国家支持农村基础设施建设的资金非常有限。未来伴随小城镇、农村各项事业的快速发展,建设资金短缺会越发严重。另外,基础设施建设大部分是公益性事业,难以得到信贷的支持,几乎没有社会投入。

10.2.3 "三农"领域短板成因

第一,"三类人"贫困问题。贫困人群中的"三类人"是脱贫攻坚的重点:第一类是因病致贫人群,特别是重病和慢性病群体,需要积极给予帮扶;第二类是因灾和突发原因返贫人员,需要提高脱贫的稳定性;第三类是贫困老人,这个群体由于年龄大、多病、缺乏劳动能力,必须安排托底性的脱贫制度。同时脱贫工作还存在落实不到位、对象不精准的问题,形式主义、官僚主义和数字脱贫、虚假脱贫的问题时有发生,扶贫资金管理使用也存在违规问题。

第二,长期积累的农业结构问题。一方面农业要素投入结构长期失衡。由于城乡二元制的存在,土地制度改革严重滞后,资本、技术等要素无法顺利下乡,剩余劳动力退出与资本、技术等要素的进入不同步,高素质农业劳动力转移与新型经营主体的成长不同步,现代生产要素对传统生产要素的替代不充分,农业生产要素质量和组合效率没有根本性提高。另一方面市场化进程中政府调控目标和政策手段越位、错位。部分政策持续性和稳定性不足，政府对市场价格的干预扰乱了市场运行，造成生产要素资源错配，带来一系列结构性问题。典型的玉米临时收储政策就会造成"国家收储—进口增加—国家增储"的不利局面。

第三，不容乐观的农民增收问题。从家庭经营性收入来看，由于国内库存积压严重，导致国际大宗农产品价格低迷，农产品价格下行压力加大，家庭经营收入很难快速增长；从工资性收入来看，近几年尽管由于农民工数量减少工资上涨，但工资增长速度缓慢，工资性收入增长不会太高；从转移性收入来看，财产性收入释放产权改革红利时间较长，短期内很难促进农民增收。

10.3 补短板的实现路径

10.3.1 民生领域补短板

人民对美好生活的向往是中国共产党的奋斗目标，为中国人民谋幸福是中国共产党人的初心，保障和改善民生，补齐民生领域的短板既能及时化解社会矛盾，也能够激发人力资源在推动经济高质量发展中的内生动力。民生领域补短板要制定科学的社会政策，社会政策既要托底，又要补短板。

第一，精准扶贫、精准脱贫，增强扶贫脱贫工作的实效性。中国现有脱贫人口不多，但情况复杂，脱贫难度大。必须精准聚焦脱贫人口，因人因地施策，分类帮扶。可以因人因户实施财政兜底性保障、扶贫搬迁、产业和就业支持、教育帮扶等具体措施，完善中央统筹、省负总责、市县抓落实的工作机制，建立党政一把手负总责的责任制。加强扶贫扶智，既解决人民群众的实际困难，又能够把人解放出来，激发人力资源投入经济建设的内生动力，为经济发展提供更多更高水平的人力资源。

第二，全面推进医疗综合改革，解决"看病难、看病贵"问题。目前中国社会医疗保险覆盖面窄，医疗保障体系尚未建立，医疗卫生体制改革与医疗保险制度改革不配套。推进医疗综合改革要加大政府投入，制定更为完善有效的社会政策和改革措施，破除影响医改的体制机制障碍。

第三，构建全社会共同参与的就业体系。推进户籍制度改革和房屋购买租赁制度改革，吸引进城农民工务工并逐步城镇化；实施特色乡镇发展战略，加大政府扶持力度，促进农民就地城镇化、就地就业务工；继续发挥"双创"在促进就业中的动力引擎作用，让创新促进创业，创业带动就业。

第四，推动教育的均衡发展和高端发展，提高教育质量。加大政府投入与社会融资，解决义务教育阶段教学基础设施资源不足和教师数量不足、分布不均衡问题，让义务教育阶段的孩子能够享受均等化教育。构建现代职业教育体系，加强应用型人才培养，加大农民工职业培养，提高全社会人力资源的技术技能水平；推进高等教育"双一流"建设，提升中国高等教育的国际化竞争力。

10.3.2 基础设施领域补短板

第一，加快建立健全政府财政资金做引导的，国内民资、外资大量参与的小城镇建设多元化、多渠道、多层次投资体制，为城乡基础设施建设提供持续的资金支持。

第二，大力推行 BOT、BOOT、PPP 等基础设施投资模式，用市场换资金，用经营权换设施，推进城镇基础设施建设在资金不足的条件下快速发展。

第三，积极稳妥地推进可经营性基础设施服务价格改革，政府要在综合考虑公用企业微利经营、民众承受能力、工矿企业接受程度的基础上，合理确定供水、供气、公交等公用事业产品的服务价格，确保城镇基础设施持续经营，不断增强自我造血和自我发展的竞争力。

第四，政府应该加大和保障非营利基础设施的投资和补贴额度，保证基础设施的稳定供给。推进基本公共服务均等化，既补齐供给服务的不足，又提升供给服务的质量和共享程度。

第五，打造一体化产业体系和生产力布局。借鉴"一带一路"建设、京津冀一体化发展、长江经济带发展战略经验，实施分区域城乡一体化共同发展，科学配置城市发展基础好的区块优质资源，形成实体经济、科技创新、现代金融、人力资源协同发展的产业体系，打造国土资源利用效率较高、要素密集程度较大、生态容量适度、城市群落连续、区域发展差距较小的生产力布局结构，共同推进基础设施建设的区域均衡发展。

10.3.3 "三农"领域补短板

深化农业供给侧结构性改革是促进农业持续稳定健康发展、推动实现农业现代化的"牛鼻子"。农业问题由来已久，需要调整农业结构，去除玉米等农产品大量库存、提高农产品品质、加大农业基础设施建设、降低农业生产成本、加强环保和生态治理，任务艰巨。

第一，清除障碍，着力解决农业投资问题。造成"三农"短板的重要原因是农村基础薄弱，投入不够，发展动力不足，特别是一些偏远和资源禀赋相对较差的地区，短板问题更严重。农业投资除政府的支持之外，要大力深化金融改革，鼓励民间投资，让金融系统的支持成为农村振兴发展的强大动力。

第二，调整农业结构，在供给上提升质量，满足人民日益增长的对美好生活的需要。根据经济社会需求科学确定供给数量，发挥市场对资源配置的作用，通过市场价格机制自动调节供需平衡；合理控制库存量，既保障粮食安全，同时降低库存成本。

第 11 章 推动中国供给侧结构性改革的政策建议

推动中国供给侧结构性改革既是对短期实现路径的进一步落实，也是对高质量发展时代长期路径的探索，本章将结合经济高质量发展要求就推动供给侧结构性改革提出政策建议。

11.1 坚持加强党对中国供给侧结构性改革的领导

中国革命和建设的实践表明，必须坚持党对一切工作的领导。中国供给侧结构性改革是新时代我党解决经济发展问题的重要举措，必须坚持加强党对这一工作的领导。

11.1.1 打牢理论根基

中国供给侧结构性改革的理论基础不是西方供给学派的经济学理论，本质上也与里根主义和撒切尔主义的供给革命不同，其理论基础是中国特色社会主义政治经济学，是在马克思主义政治经济学的框架范围内中国化的继承和发展。根据中国共产党的性质，只有坚持党的领导，才能够确保打牢中国供给侧结构性改革的理论根基，牢牢定位在中国特色社会主义政治经济学上，才能按照中国特色解决中国问题，才能够为正确推进改革奠定基础。

11.1.2 确保正确方向

中国共产党是人民的政党，以人为本，为人民谋幸福是中国共产党人的初心和使命。中国供给侧结构性改革的最终目的就是要提高供给质量，最终满足需求，解决人民对美好生活的需要同不平衡不充分的发展之间的矛盾，就是要把维护人民群众利益摆在更加突出位置，推动经济高质量发展。坚持党的领导才能做好顶层设计，正确制定供给侧结构性改革的路线方针政策，始终保持改革的正确方向。

11.1.3 坚持深化改革

改革只有进行时，没有完成时。只有改革开放才能发展中国、发展社会主义、发展马克思主义。供给侧结构性改革本身就是一场改革，同时还与其他改革具有千丝万缕的联系。去产能必须与深化国有企业改革相结合；去库存必须与房地产市场改革和城镇化改革相结合；去杠杆必须与金融体制改革相配套；降成本必须与税费改革、行政审批制度改革相联系；补短板必须与"三农"改革、技术创新相结合。这些改革只是当前中国各领域改革的一部分，可以说，中国供给侧结构性改革已经深入中国所有的改革领域，未来中国供给侧结构性改革的成果和经验必将成为中国特色社会主义理论的一部分。

11.2 提高全要素生产率，构建高质量供给产业体系

供给侧管理主要强调"劳动力、土地、资本、制度创造、创新"等生产要素，在充分有效的资源配置条件下，能够实现经济的长期潜在增长。实施供给侧结构性改革主要目标之一就是提高以这些要素为主的全要素生产率。

11.2.1 实施人口战略和人力资本战略，提升劳动力供给水平

第一，实施人口战略，增加人口的供给数量。中国为积极应对老龄化问题，继"单独二孩"政策之后，党的十八届五中全会宣布正式"全面放开二孩政策"，一对夫妇可生育两个孩子。事实证明，当前由于受到家庭收入水平、孩子培养成本、教育等因素的影响，人口生育政策的放开并不会引发人口数量爆炸性的增长，全面放开二孩政策能够在较为平稳的水平上保障人口数量，托住老龄化问题的发展。但是，全面放开二孩政策后引发的区域性、结构性人口增长的不均衡问题应该引起重视，环境承受能力、财政支出、公共福利体系等宏观层面也会面临压力增加，中国的人口战略需要从"多生"逐步转到"优生"。

第二，实施人力资本战略，提高人力资本水平。以教育、培训和技能提升为核心实施人力资本战略，适时调整劳动法，把职业培训、岗位技能培训作为对劳动者从业和单位招工的必备环节，形成全职业培训体系和机制，增强劳动者的劳动技能、岗位灵活性和就业适应性。

第三，继续推进高等教育改革，提升职业教育地位。在高校向应用型转型发展的基础上，加强高等教育的分类，借鉴德国双元制教育经验，提升职业教育地位和比重，增强职业教育承担社会培训功能。把劳动力质量提升延伸到高等学校，提高劳动力质量和素质。

11.2.2 推进土地制度改革，提升土地供给水平

全面深化土地制度改革，以此带动和促进户籍制度改革、过剩产能化解、土地成本降低，发挥土地的基础保障功能；优化用地结构，通过用地结构调整促进房地产市场发展，促进产业结构优化，促进区域结构平衡；城乡统筹，深化节约用地和耕地保护制度，盘活存量建设用地，鼓励使用荒废地；加强退耕还林、退牧还草，保护自然生态，营造绿水青山。

11.2.3 健全金融体系，提升资本供给水平

完善金融政策，进一步落实鼓励和引导民间资本进入基础产业和基础设施领域、市政公用事业和政策性住房建设领域、社会事业领域，扩大基础设施领域、民生领域补短板的融资渠道；大力发展普惠金融，加强对中小微企业、广大农村及贫困地区的金融服务，解决融资难问题；加强金融宏观审慎管理制度，健全监管规则，严厉打击地下金融、地下钱庄，建立安全、高效的金融基础设施，建立国家金融安全机制，严格监控各部门杠杆率的变化，确保金融安全，确保不发生系统性金融风险。

11.2.4 实施创新驱动战略，提升高端供给水平

通过实施创新驱动战略，中国已经在航空、航天、探海、高铁等领域取得重大科技成果，引领了世界新技术的发展，极大地提高了中国的国际竞争力。进一步深化供给侧结构性改革，促进各类市场主体加快技术、新产品、新业态、新模式等方面的创新发展，真正扩大有效和高端供给。

第一，加大科技活动经费投入，着力在影响国际竞争力、影响基础设施保障和民生保障领域加大投入。要从总量上解决资金投入不足问题，政府投入要保持较高比例的稳定增长，提高研发经费在GDP中的占比，逐渐缩小与发达国家的差距。同时要拓宽融资渠道，吸纳股份制银行、民间资本对科技活动的投入。通过技术创新解决民生领域消费者关注的高端产品，逐步消除"海淘"马桶盖、电饭煲的现象，把消费留在国内。

第二，激发创新人才的积极性。通过培养高素质人才队伍，完善人才选拔、任用、评价机制，营造良好的人才成长环境，通过人才驱动实现创新驱动。

第三，进一步推进"大众创业、万众创新"战略，以创新带动创业，以创业促进就业。继续营造高校大学生创新创业环境和氛围，形成教育、训练、大赛、项目孵化为一体的创新创业体系；在全社会营造创新创业氛围，加大政策支持、培训指导和扶持奖励，激发全社会双创热情。

11.3 发挥好市场在资源配置中的决定性作用和政府的作用

解决扭曲的资源要素配置、资源要素供给约束，提高全要素生产率是推

进中国供给侧结构性改革的着力点。政府和市场是要素配置的两种基本形式,如何科学处理和发挥政府和市场的关系,对供给侧结构性改革成果具有重要影响。

11.3.1　发挥市场在资源配置中的决定作用

理论上,作为供给侧结构性改革理论基础的马克思主义政治经济学已经论证了市场在资源配置中应该发挥决定性作用;实践中,改革开放40多年来,尽管中国经济实现了高速增长,但资源配置的效率不高,政府和市场的关系并未厘清,市场在资源配置中的决定性作用并未充分发挥。

发挥市场在资源配置中的决定作用,一是要完善产权保护制度。进一步明确和保护各类公有及私有产权,努力提高各类财产和公共资源的配置效率,做到产权清晰,确保市场交易和市场机制得以有效运行。二是要进一步打破垄断。要努力促进生产要素的自由流动和公平竞争,通过有效的政府管制,利用招标竞争、区域比较竞争等手段增加自然垄断行业的竞争性,打破垄断。三是推进要素价格市场化改革。推进交通、电信、石油、水、电、气等领域价格改革,由市场价格引导生产要素和资源的流动配置,在企业降成本、去产能、去库存等方面发挥要素价格竞争的积极作用。

11.3.2　更好地发挥政府的作用

着力解决政府职能中的"越位""错位""缺位"现象,为市场创造良好的制度条件,解决好市场失灵领域存在的问题,搞好宏观调控。

一是要转变政府调控职能,深化"放管服"改革,简政放权、放管结合、优化服务。"放"要真正下放行政权,减少没有法律依据和法律授权的行政权;"管"要界定管理权限,利用新技术、新体制高效合理地管好该管的事情。"服"要减少政府对市场的干预,减少对市场主体过多的行政审批,市场的事由市场来决定,促进市场主体的活力和创新能力。二是要完善政绩评价考核体系,改变过去以 GDP 为导向的政绩观,除经济增长指标外,加大资源消耗、生态效益、产能过剩、科技创新等指标的权重,突出以人为本,注重保障和改善民生。三是要建立公共服务型政府,为全社会提供基本而有保障的公共产品和有效公共服务,不断满足广大人民日益增长的公共需要和公共利益诉求,并形成政府治理的制度安排。四是要建设法治型政府,促进政府依法行政。减少政府行为的随意性,坚持依法科学民主决策,明确政府的公共职能。

11.4 建立和完善供给侧结构性改革的评价体系

11.4.1 建立第三方评价机制

首先,深化政府"放管服"改革,把管、评分离,建立第三方的改革效果评价机制,使评价结果能够客观地反映改革效果;其次,把结果评价与过程评价相结合,既关注改革效果,也重视改革过程,及时纠正改革过程中的路径扭曲和方向性错误;再次,评价时要更加重视民生事业发展和资源环境改善情况,不断提升就业、收入、消费、生态环境等指标在评价体系中的重要性。

11.4.2 完善各类指标与体系

推动经济高质量发展要通过供给侧结构性改革构建高质量的供给体系，从这一逻辑出发，为有效监测和评价供给侧结构性改革的效果，应建立和完善与高质量发展目标要求相适应的指标体系、政策体系、统计体系、绩效评价和政绩考核办法。

第一，指标体系。指标体系的建立要紧紧围绕供给侧结构性改革的任务，面向高质量发展的要求，以五大发展理念为指导，综合考虑效果与效率、数量与质量、短期与长期。以去产能工作为例，短期内要完成去产能任务，从数量上压缩过剩产能，去除低端产能，长期要考虑去产能后的产能结构优化、产能利用率情况及产能的转型升级情况等。同时增加结构性指标，充分反映产业、行业、地区等各方面的结构协调性，增加质量效益指标和新动能发展指标，要更加充分地反映价值链分工、经济发展结构、劳动者报酬及投入产出的比率。

第二，政策体系。建立短期内保障供给侧结构性改革"三去一降一补"任务顺利实施的政策体系，如僵尸企业职工下岗再就业政策、城镇化户籍政策、中小企业融资政策、精准扶贫脱贫政策等；长期要建立高质量发展的政策体系，把数量型政策与质量型政策交叉融合，把长期政策与短期政策有机结合，不断完善宏观政策、微观政策、产业政策、社会政策等多个方面。

第三，统计体系。升级统计手段与方法，充分利用互联网、大数据等新兴技术，不断提高统计工作的及时性、全面性、有效性和科学性，及时反映改革进程和出现的问题。同时除了经济指标，更多地把生态指标、教育、就业、养老等指标纳入统计体系，确保真实全面反映自然环境改善和民生状况。

第四,绩效评价体系。降低对经济增长速度和数量的追求,更加重视质量与效益的提升及自然与社会的协同发展,把经济增长速度、经济结构、创新成果质量结合起来综合考量。

第五,政绩考核体系。GDP作为产出指标只能反映宏观生产,无法反映经济的全貌,也不能直接反映投资、消费、储蓄等情况,更不能有效地引导地方政府向高质量发展。因此,要把地方政府和干部考核与质量提高、民生改善、社会进步、生态效益等指标和实绩结合起来,把民生改善、社会进步、生态效益等指标和实绩作为高质量发展背景下考核的重要内容。

参 考 文 献

[1] AGHION P, BANERJEE A V, ANGELETOS G M, et al. Volatility and Growth: Credit Constraints and Productivity-Enhancing Investment [J]. Nber Working Papers, 2005, 5 (1): 1-33.

[2] ALHUSSAINI W, MOLZ R. A Post-Keynesian Regulatory Model of Privatization [J]. The Journal of Socio-Economics, 2009, 38 (2): 391-398.

[3] AZIZ J. China's Changing Trade Elasticities [J]. China & World Economy, 2010, 16 (3): 1-21.

[4] BARRO R J, GORDON D B. Rules, Discretion and Reputation in A Model of Monetary Policy [J]. Journal of Monetary Economics, 1983, 12 (1): 101-121.

[5] BLACKBURN K, PELLONI A. On the Relationship Between Growth and Volatility [J]. Economics Letters, 2004, 8 (3): 123-127.

[6] BLANK R M. When Can Public Policy Makers Rely on Private Markets? The Effective Provision of Social Services [J]. The Economic Journal, 1999 (16): 34-49.

[7] CARROLL J D, SMITH B L R. Supply-Side Management in the Reagan

Administration [J]. Public Administration Review, 1985, 45 (6): 805.

[8] CHOW G C. Capital Formation and Economic Growth in China [J]. Quarterly Journal of Economics, 1993, 108 (3): 809-842.

[9] COHEN B J, WANNISKI J. The Way the World Works: How Economies Fail and Succeed [J]. Journal of Interdisciplinary History, 1978, 10 (2): 359.

[10] SALVATORE D. Theory and Problems of International Economies [M]. 4th Ed. New York: Mc Craw Hill, 1995.

[11] DAN GRANT. Transatlantic Trade: Is China In or Out? [Z]. The Hill's Congress, 2013-07-22.

[12] DAVIDSON P. Keynes and Money [A]. In: Philip Arestis and Malcolm Sawyer. A Handbook of Alternative Monetary Economics[C].Cheltenham, UK. Northampton, MA, USA: Edward Elgar Publishing, 2006: 151-152.

[13] DE CARVALHO F J C. The Independence of Central banks: A Critical Assessment of [J]. Journal of Post Keynesian Economics, 1995, 18 (2): 159-175.

[14] Economic Thought [A]. In: DELEPLACE G, Nell E J. Money in Motion: The Post Keynesian and Circulation Approaches [C]. London: Palgrave Macmillan Limited, 1996: 142.

[15] EICHNER A S, KREGEL J A. An Essay on Post-Keynesian Theory: A New Paradigm in Economics [J]. Journal of Economic Literature, 1975, 13 (4): 1300-1301.

[16] FELDSTEIN M. Inflation, Tax Rules and the Stockmarket [J]. Journal of Monetary Economics, 1979, 6 (3): 309-331.

[17] FERRARI F F, PAULA L F D. Exchange Rate Regime Proposal for Emerging Countries: A Keynesian Perspective [J]. Journal of Post Keynesian Economics, 2008, 31 (2): 227-248.

[18] GRAZIANI A. Money as Purchasing Power and Money as a Stock of

Wealth in Keynesian Economic Thought [J]. 1996: 139-154.

[19] GREGORY M. Principals of Economics [M]. 5th Edition. Gengage Learning. 2007.

[20] GRIER K B, HENRY T, OLEKALNS N, et al. The Asymmetric Effects of Uncertainty on Inflation and Output Growth [J]. Journal of Applied Econometric, 2004, 19 (5): 551-565.

[21] GRIER K B, TULLOCK G. An Empirical Analysis of Cross-National Economic Growth: 1951-1980 [J]. Journal of Monetary Economics, 1989, 24 (2): 259-276.

[22] GRINOLS E L, TRUNOVSKY S J. Risk, Optimal Government Finance and Monetary Policies in a Growing Economy [J]. Economica, 1998, 65 (259): 401-427.

[23] HEALEY N M. The Thatcher Supply-Side Miracle: Myth or Reality? [J]. American Economist, 1992, 36 (1): 7-12.

[24] HELLER W W. Kennedy's Supply-Side Economics [J]. Challenge, 1981, 24 (2): 14.

[25] HENRY O T, OLEKALNS N. The Effect of Recessions on the Relationship between Output Variability and Growth [J]. Southern Economic Journal, 2002, 68 (3): 683-692.

[26] JEAN B S. A Treatise on Political Economy (or the Production, Distribution, and Consumption of Wealth) [J]. Batoche Books, Kitchener, 2001, 42 (6): 47.

[27] JERMANN U, QUADRINI V. Macroeconomic Effects of Financial Shocks [J]. American Economic Review, 2012 (102): 238-271.

[28] JONES L E, MANUELL R E, SIU H E, et al. Fluctuations in Convex Models of Endogenous Growth, I: Growth Effects [J]. Review of Economic Dynamics, 2005, 8 (4): 780-804.

[29] JUDSON R, ORPHANIDES A. Inflation, Volatility and Growth [J]. International Finance, 1999, 2 (1): 117-138.

[30] JUSTINIANO A, PRIMICERI G E. Investment Shocks and Business Cycles [J]. Journal of Monetary Economics, 2010, 57 (2): 132-145.

[31] KEYNES J M. What is Money? [J]. Economic Journal, 1914, 24 (95): 421.

[32] KING J E. A History of Post Keynesian Economics since 1936 [M]. Massachusetts: Edward Elgar Publishing, 2003.

[33] KING J E. Heterodox Macroeconomics: What, Exactly, Are We Against? [A]. In: RANDALL L, MATHEW F. Keynes and Macroeconomics after 70 Years: Critical Assessments of the General Theory [C]. Cheltenham, UK Northampton, MA, USA: Edward Elgar, 2008.

[34] KNELLER R, YOUNG G. Business Cycle Volatility, Uncertainty and Long-run Growth [J]. The Manchester School, 2001, 69 (5): 534-552.

[35] KORMENDI R C, MEGUIRE P G. Macroeconomic Determinants of Growth: Cross-Country Evidence [J]. Journal of Monetary Economics, 1985, 16 (2): 141-163.

[36] KORNAI J. Economics of shortage [M]. North-Holland Pub. Co, 1980.

[37] KORNAI J. Hardening of the Budget Constraint under the Post Socialist System [J]. Japan & the World Economy, 2004, 8 (2): 135-151.

[38] KOSE M A, PRASED E S, TERRONES M E. How do Trade and Financial Integration Affect the Relationship between Growth and Volatility? [J]. Journal of international Economics, 2006, 69 (1): 176-202.

[39] KUIJS L. Investment and Saving in China [J]. World Bank Policy Research Paper Series, 2005 (3633): 51-52.

[40] KUZNETS. Economic Development and Income Inequality [J].

American Economic Review, 1955 (66): 437-441.

[41] KYDLAND F E, PRESCOTT E C. Time to Build and Aggregate Fluctuations [J]. Econometrica, 1982 (50): 1345-1371.

[42] LANE R, WOLF H. Large Scale Privatization in Transition Economics [J]. American Economic Review, 1993, 83 (5): 1199-1209.

[43] LAUBACH T, WILLIAMS J C. Measuring the Natural Rate of Interest [J]. The Review of Economics and Statistics, 2003, 85 (4): 1063-1070.

[44] TODARO M P. Economic Development in the Third World [M]. the Fifth Ed. Longman Inc, 1994.

[45] MARX K, ENGELS F. Manifesto of the Communist Party [M]. Manifesto of the Communist Party, 1848.

[46] MCKENNA E J, ZANNONI D C. Foundations of Post-Keynesian Economic Analysis [M]. E. Elgar, 1992.

[47] MCKINSEY GLOBAL INSTITUTE. Disruptive Technologies: Advances That Will Transform Life [J]. Business and the Global Economy, 2013, (5): 2.

[48] MEISELMAN D, LAFFER A B. Phenomenon of Worldwide Inflation [J]. Physical Review D Particles & Fields, 1975, 52 (4): 1895-1901.

[49] MIRDALA, RAJMUND. Interest Rate Transmission Mechanism of Monetary Policy in the Selected EMU Candidate Countries [J]. Panoeconomicus, 2009, 56 (3): 59-77.

[50] MUNDELL R A. Monetary Theory: Inflation, Interest and Growth in the World Economy. [J]. Economic Journal, 1971, 82 (325): 259.

[51] OBSTFELD M, R K. Exchange Rate Dynamics Redux [J]. Journal of Economy, 1995, (103): 624-660.

[52] OBSTFELD M, R K. Foundations of International Macroeconomics [M]. MIT Press, 1996.

[53] PAUL A S, WILLIAM D N. Economics [M]. Sixteenth Edition.

NewDelhi: McGraw-Hill Companies, 1998.

[54] QIAN Y A. Theory of Shortage in Socialist Economies Based on the Soft Budget Constraint [J]. American Economic Review, 1994 (84): 145—156.

[55] RAMEY G, RAMEY V A. Cross-Country Evidence on the Link between Volatility and Growth [J]. American Economic Review, 1995, 85 (5): 1138-1151.

[56] REDEK T, SUŠJAN A. The Impact of Institutions on Economic Growth: The Case of Transition Economies [J]. Journal of Economic Issues, 2005, 39 (4): 995-1027.

[57] SAMUELSON P A. Consumption Theory in Terms of Revealed Preference [J]. Economica, 1948, 15 (60): 243-253.

[58] SARGENT T J, WALLACE N. Rational Expectations and the Theory of Economic Policy [J]. Journal of Monetary Economics, 1976, 2 (2): 169-183.

[59] SMITH A. An Inquiry into the Nature and Causes of the Wealth of Nations [M]. Liberty Classics, 2013.

[60] SOLOW R. Toward a Macroeconomics of the Mediumrun [J]. Journal of Economic Perspectives, 2000 (14): 1.

[61] STIGLITZ J E. Economies of Public Sector [M]. New York: W W, Norton Company, 1986.

[62] SZEGO A. The Logic of a Shortage Economy: A Critique of Kornai from a Kaleckian Macroeconomic Perspective[J]. Journal of Post Keynesian Economics, 1991, 13(3):607-613.

[63] TAYLOR L. Maynard's Revenge: The Collapse of Free Market Macroeconomics [M]. Massachusetts and London: Harvard University Press, 2011.

[64] VERNY A. Private Ordering in the Czech Transformation Process [J]. Journal of Institutional & Theoretical Economics, 2000, 156 (1): 131-139.

［65］［美］保罗·萨缪尔森，威廉·诺德豪斯. 宏观经济学［M］. 萧琛，译. 北京：华夏出版社，1999.

［66］［美］供给学派和货币学派的对立［N］. 商业周刊，1981-08-24.

［67］［英］琳达·岳. 中国的增长［M］. 鲁冬旭，译. 北京：中信出版社，2015.

［68］保罗·萨缪尔森，威廉·诺德豪斯. 经济学［M］. 北京：人民邮电出版社，2008.

［69］陈昌盛，许伟，李承建. 以供给侧结构性改革引领新常态［N］. 经济日报，2016-02-07.

［70］陈德萍. 论计划经济体制短期有效与长期无效［J］. 财政与税务，2002（1）：13-14.

［71］陈二厚，刘铮. 习近平提"供给侧结构性改革"的深意［J］. 唯实，2015（12）：4-5.

［72］陈宪，聚焦供给侧结构性改革——供给侧结构性改革要解决哪些问题？［J］. 金融经济月刊，2016（2）：8-12.

［73］陈祥，靳卫萍. 有效需求：马克思、凯恩斯与卡莱茨基经济学［J］. 南开经济研究，2004（2）：51-56.

［74］陈小亮，陈彦斌. 供给侧结构性改革与总需求管理的关系探析［J］. 中国高校社会科学. 2016（3）：67-78+156-157.

［75］陈云. 陈云文选（第三卷）［M］. 北京：人民出版社，1995.

［76］程恩富，谭劲松. 创新是引领发展的第一动力［J］. 马克思主义与现实，2016（1）：13-19.

［77］迟福林. 走向服务业大国——2020：中国经济转型升级的大趋势［J］. 中国井冈山学院学报，2014（6）：9-16.

［78］戴国强，吴许均. 价格粘性理论在银行金融市场中的应用［J］. 经济学动态，2005（6）：107-111.

［79］范家骧，高天虹. 供给学派（上）［J］. 经济纵横，1987（2）：

57-61.

[80] 方福前. 当代西方经济学主要流派［M］. 北京：中国人民大学出版社，2014.

[81] 冯志峰. 供给侧结构性改革的理论逻辑与实践路径［J］. 经济问题，2006（2）：12-17.

[82] 古昕. 美国量化宽松货币政策的有效性分析［D］. 天津：南开大学，2014.

[83] 关永强，张东刚. 英国经济学的演变与经济史学的形成（1870—1940）［J］. 中国社会科学，2014（4）：45-65.

[84] 郭熙保. 从需求经济学到供给经济学——供给学派述评［J］. 湖南社会科学，1989（5）：9-13.

[85] 国家行政学院经济学教研部. 中国供给侧结构性改革［M］. 北京：人民出版社，2016.

[86] 何国华，范卫清. 新保守主义经济学的失势和新凯恩斯主义经济学的发展［J］. 经济学动态，1995（2）：46-50.

[87] 胡建渊. 新凯恩斯主义理论的演变途径探析［J］. 当代经济研究，2005（3）：17-20.

[88] 胡舒立，吴敬琏. 新常态改变中国［M］. 北京：民主与建设出版社，2014.7.

[89] 黄有光. 谈杨小凯的新框架［J］. 上海经济评论，2014（7）：4-5.

[90] 贾康，苏京春. "理性预期失灵"的发生逻辑及其矫正路径——从供给管理视角对政府调控与作为的探析［N］. 上海证券报，2014-04-03（A07）.

[91] 贾康，苏京春. 中国特色宏观调控的概念与现实——基于理性"供给管理"与"动物精神"的解读［J］. 人民论坛（学术前沿），2014（3）：84-94.

[92] 贾康，徐林，李万寿，等. 中国需要构建和发展以改革为核心的新供给经济学 [J]. 财政研究，2013（3）：2-15.

[93] 贾康，中国新供给经济学的理论创新与政策主张 [J]. 人民论坛，2015（24）：34-37.

[94] 贾康."供给创造需求"新解读与"新供给经济学"研究引出的政策主张 [J]. 铜陵学院学报，2014（3）3-7.

[95] 贾康. 新供给经济学理论的中国创新 [M]. 北京：中国经济出版社，2013.

[96] 贾康. 中国特色的宏观调控：必须注重理性的供给管理 [J]. 当代财经，2010（1）：5-8.

[97] 贾康，等. 新供给经济学：理论创新与建言 [M]. 北京：中国经济出版社，2015.

[98] 贾康，等. 中国需要构建和发展以改革为核心的新供给经济学 [J]. 财政研究，2013（1）.

[99] 蒋自强，史晋川. 当代西方经济学流派 [M]. 4版. 上海：复旦大学出版社，2014.

[100] 凯恩斯. 就业、利息与货币通论 [M]. 北京：商务印书馆，1999.

[101] 李稻葵."十三五"时期需要什么样的供给侧改革 [N]. 人民政协报，2015-12-8（5）.

[102] 李嘉图. 李嘉图著作和通信集（第一卷）[M]. 商务印书馆，1962.

[103] 李五四，孔祥琯. 从资本主义经济危机看凯恩斯主义之兴衰 [J]. 山西财经学院学报，1984（6）：24-30.

[104] 李珍，刘志英. 拉弗曲线的深度分析——兼析中国个人所得税的政策涵义供给学派和货币学派的对立 [J]. 中南财经政法大学学报，2014（1）：11-16.

[105] 李佐军. 与供给侧改革相关的几个基本知识点 [N]. 北京日报, 2016-02-15.

[106] 李佐军. "供给侧改革"为何是势在必行之举 [N]. 上海证券报, 2015-12-17.

[107] 李佐军."三驾马车"不是经济发展的根本动力 [N]. 中国经济时报, 2014-12-16.

[108] 厉以宁. 宏观经济学说的产生和发展 [M]. 长沙: 湖南出版社, 1997.

[109] 厉以宁. 西方宏观经济学说史教程 [M]. 北京: 中国人民大学出版社, 2015.10.

[110] 梁柱. 社会主义时期毛泽东的两大探索 [J]. 当代中国史研究, 2004, 11 (5): 80-88.

[111] 林木西, 黄泰岩. 国民经济学 [M]. 3版. 北京: 经济科学出版社, 2018.

[112] 林祥. "供给侧改革"激发创新活力 [N]. 学习时报, 2016-02-16.

[113] 林中萍, 黄振奇. 关于由计划经济体制向社会主义市场经济体制过渡问题 [J]. 教学与研究, 1994, (3): 14-19.

[114] 刘国光. 对几个宏观经济问题的看法 [J]. 改革, 2002 (2): 5-9.

[115] 刘伟, 苏剑. 供给管理与我国现阶段的宏观调控 [J]. 经济研究, 2007 (2): 4-15.

[116] 刘向荣. 供给侧结构性改革的马克思主义政治经济学分析 [EB/OL]. http://www.cnki.net/kcms/detail/44.1005.c.20160325.1529.003.html.

[117] 刘延平, 周开让. 加快技术进步是应对劳动力成本上升的根本出路 [J]. 经济纵横, 2013 (9): 8-11.

[118] 楼继伟. 供中国经济最大潜力在于改革 [J]. 求是, 2016 (1):

21-23.

[119] 罗宾逊. 不完全竞争经济学 [M]. 王翼龙, 译. 北京: 华夏出版社, 2013.

[120] 马克思. 资本论（第一卷）[M]. 北京: 人民出版社, 2004.

[121] 马歇尔. 经济学原理 [M]. 北京: 中国社会科学出版社, 2007.

[122] 毛晖. 供给学派的政策主张及启示 [J]. 学术争鸣, 2007 (9): 91-92.

[123] 默瑞·N. 罗斯巴德. 古典经济学 [M]. 张凤林, 等译. 北京: 商务印书馆, 2012.

[124] 穆敏, 杨明清. 中国计划经济体制的选择与历史评价 [J]. 山东工会论坛, 2001, 7 (1): 57-61.

[125] 潘毅刚. 加快发力供给侧结构性改革 [N]. 浙江日报, 2015-11-20 (9).

[126] 钱智勇, 薛加奇. 关于生产和需求关系的经济学演进研究——基于对新时代社会主要矛盾的经济学阐释 [J]. 吉林大学社会科学学报, 2018 (3): 78-86.

[127] 邱海平. 供给侧结构性改革必须坚持以马克思主义政治经济学为指导 [J]. 政治经济学评论, 2016, 2 (7): 204-207.

[128] 萨伊, 赵康英, 符蕊, 等. 政治经济学概论 [M]. 北京: 华夏出版社, 2014.

[129] 萨伊. 政治经济学概论 [M]. 北京: 商务印书馆, 1963.

[130] 尚庆军. 美国"新经济"述评 [J]. 南开经济研究, 2000 (1): 38-41+47.

[131] 邵宇. 中国经济的"新三驾马车" [N]. 第一财经日报, 2013-07-31.

[132] 苏雪串. 新自由主义与政府干预主义理论与政策实践的演变——金融危机后对政府干预经济的再思考 [J]. 学习与实践, 2010 (5): 17-22.

[133] 唐彬. 市场还是政府？——经济自由主义与干预主义的斗争历程 [J]. 理论月刊, 2006（5）: 146-148.

[134] 唐岳驹. 费尔德斯坦及其"供给学派"经济理论 [J]. 经济科学, 1982（3）: 48-51.

[135] 滕泰. 民富论: 新供给主义百年强国路 [M]. 北京: 东方出版社, 2013.

[136] 田俊荣. 新常态新飞跃 [N]. 人民日报, 2014-12-01（5）.

[137] 王得新. 转向以供给管理为主导的宏观经济政策 [J]. 中共天津市委党校学报, 2012（3）: 88-91.

[138] 王一鸣, 陈昌盛, 李承健. 正确理解供给侧结构性改革 [N]. 人民日报, 2016-03-29.

[139] 王志伟. 现代西方经济学主要思潮及流派 [M]. 北京: 高等教育出版社, 2004.

[140] 西斯蒙第. 政治经济学新原理 [M]. 北京: 商务印书馆, 2011.

[141] 晏智杰, 张延, 杜丽群. 西方市场经济下的政府干预 [M]. 北京: 中国计划出版社, 1997.

[142] 晏智杰. 西方经济学说史教程 [M]. 北京: 北京大学出版社, 2013.

[143] 杨德明. 被称为里根经济学的供给学派 [J]. 瞭望周刊, 1987（48）: 36-37.

[144] 杨林枫. 费尔德斯坦与供给经济学派 [J]. 江西财经学院学报, 1987（5）: 83-86.

[145] 杨鲁军. 关于供给学派的几点评论 [J]. 世界经济文汇, 1983（3）: 27-30.

[146] 杨培雷. 当代西方经济学流派 [M]. 上海: 上海财经大学出版社, 2003.

[147] 袁宝华. 50年来我国社会主义经济建设中几个问题的回顾 [J].

当代中国史研究，1999（5）：19-25.

[148] 约翰·梅纳德·凯恩斯. 凯恩斯文集［M］. 李春荣，等译. 北京：中国社会科学出版社，2013.

[149] 张朝尊. 马克思关于总供给和总需求平衡的理论［J］. 经济学家，1994（4）：110-116.

[150] 张翠玉. 介绍美国新兴供给经济学［J］. 黑龙江财专学报，1986（7）：68-70.

[151] 张弥. 国内外供给经济学派理论研究的比较［J］. 财经问题研究，1999（4）：65-67.

[152] 张日旭. 我国产能过剩中的地方政府行为研究［D］. 大连：东北财经大学，2013.

[153] 钟祥财，经济新常态与供给侧结构性改革［N］. 解放日报，2016-02-16.

[154] 周志太，程恩富. 新常态下中国经济驱动转换：供求辩证关系研究［J］. 当代经济研究，2016（3）：54-64.

[155] 朱雅芬. 积极财政政策是得不出乐观的结论的（吴敬琏教授访谈录）［J］. 云南财贸学院学报，2001（2）：93-96.

后　　记

　　本人博士曾就读于辽宁大学国民经济学专业，博士论文主要研究中国供给侧结构性改革实现路径，在此研究基础上，经过修改、补充、完善，形成了本书。在论文研究期间及本书的写作期间，得到了各方面的大力支持和帮助，借书稿出版之际表示深深的谢意。

　　首先要感谢我的导师林木西教授。导师一直致力于经济学的研究，学识渊博，建树颇高，多年来取得了累累硕果，在经济学界树立了较为深远的影响，辽宁大学的应用经济学和理论经济学学科入选世界"双一流"学科建设行列应该是对导师和他的团队最好的肯定。导师作风严谨，在学术研究上严格要求自己的学生，对论文的指导和修改过程中，字斟句酌，大到论文的选题和研究框架，小到一句话、一个词、一个标点符号，都留下了他批阅的痕迹。导师师德高尚，立德树人，用自己为师的言行，不断教育和影响着学生。在此，发自内心地说一句：老师您辛苦了，谢谢您。

　　其次要感谢辽宁大学赵德起、李华、马树才、张虹几位教授在课程教学、论文研究、指导和答辩过程中给予我的悉心指导和谆谆教诲。同时也一并感谢辽宁大学王璐、梁颜鹏等其他教育指导和帮助过我的老师、同学们。

　　再者要感谢沈阳工学院我的领导和同事们，在我学习期间给予了我莫大的支持和帮助,让我能够有时间和精力投入学习和研究中。

最后要感谢我的家人,感谢我的爱人刘宁,感谢我的儿子公子豪,是他们不断的鼓励和支持,让我在课题研究和文章写作这个漫长、充满挑战的过程中一路走来,不断进步。

由于本人水平有限,课题的研究和本书的写作还有很多不足,恳请广大读者多提宝贵意见,以便在今后的研究中不断改进和完善。

公丕国

二〇二〇年七月二十一日